風雅舊曾諳

黃岳年隨筆

黃岳年・著

讀書好
風雅舊曾諳
莫問人間興廢事
東風無恙月年年
能不愛書香

弁言

徐雁

雁齋主人暇日觀書，稍知「張國臂掖，以通西域」，始置郡守於華夏方域，在於大漢武帝元鼎六年也。於是為百姓則移民焉，為軍人則屯墾焉，生生不息，日日而作。春播秋收，父開子拓。當其時也，馬蹄得滴，有快驛傳郵於關中；駝聲叮噹，乃商旅貿易乎域外。於是知所謂「金張掖，銀武威」者，淵源有自，非朝野之虛譽也。

境保民安則文教興，衣豐食足則禮義知。昔賢詩云「且尋風雅主，細看樂天真」是也。於是儒學焉，佛法焉，秦漢伎焉，西涼樂焉，遂為一代文化之地標。又宇宙大法之道，謂人自助則天必佑，天若佑則地自靈，遂有甘泉沃野，明月拂柳，於是「金張掖」而為「水甘州」，塞下曲亦作江南調矣。「甘州不乾水池塘，涼州不涼米糧川」，「不望祁連山頂雪，錯將張掖認江南」，詩人雅唱，至此極也。

憶昔甘州女史吟詠七絕云：「冬寒樓上下簾齊，把卷燈前看舊題。遠聽鐘聲何處寺，桃花庭院雨淒淒。」一流傳文壇數百年，贏得幾多婉約同調為之低迴不已。今喜見張掖書人千水數瓢，以天下讀書人為友，亦招致天涯知音比鄰無數。遂知古人今人，其眷戀書香、文明精神者一也。因誦「舊書故我，新書怡

推薦序

天涯若對面

朱虹霞

幾年前，在天涯社區的網頁上，因了《開封小記》這篇文章認識了岳年先生，那篇文章把開封古往今來的往事串起，在他的筆下，汴梁充滿了書卷氣與禪意，許多典故，我這個汴梁長大的人都聞所未聞，便央他轉至「天涯社區河南版」和「宋韻網」。一個陌生網友的請求，他也是不厭其煩的應承下來。幾年相識，他是亦師亦友的。文人的儒雅風範在他身上體現得淋漓盡致。後來，先生每出書必在親筆簽名後寄過來，收到還散發著油墨香味的新書，總會有許多感慨油然而生。先生是甘肅張掖弱水之畔的讀書人，在月夜裡寫下如許文字，許多個夜晚，在燈下閱讀著他的文字，那個遙遠的只在書上看到的地名，驀然親切起來。感受著書香墨韻間的文字，焦躁的心情也似乎平復下來。通過他的筆觸，我知道了許多錯過的好書和不曾熟悉的作家。當遇見真正的讀書人的時候，慚愧和景仰的情感是交織在一起，不好分開的。

我所看過的書，必是他熟悉的，而他熟知的那些書，我往往不熟，每每此時，總是汗顏。靜閱他的文字，有時竟感覺那些文字變成話語，宛如先生在我對面娓娓道來，繁體字的《弱水讀書記》令我愛不釋手。

八月，雨季。天初晴時收到先生的新書《書蠹生活》，竟隱隱有松香，和封面的畫著的青松書卷相應和，心生歡欣。先生囑我為《風雅舊曾諳》寫序，我有些惶恐。與他的相識，我一直是受益者，在網路中，在文字中，真切感受一個讀書人對書籍的渴慕與癡愛，借用先生的話說便是：「我們愛書，說到底是熱愛生命、真實生存的一種表現，是我們與生俱來的美德。一些人栽樹，一些人乘涼。一些人紀錄了生命歷程中的奇觀，一些人在讀書中懂得並欣賞。」諸多如先生一樣的讀書人栽下樹來，一天天長大，我等乘涼，也是賞心樂事呢。唯願這樣的讀書人多些，再多些，那便是中國的幸事了。

二〇一〇年八月二十八日　天空澄靜如洗

目次

文化徐世昌

案上攤開著上海三聯書店一九八九年印刷的《晚晴簃詩匯》（又名《清詩匯》），厚實的兩巨冊，是一個值得開挖的富礦，沈浸其中，似不覺時光的流逝。有清一代幾乎全部著名詩人的代表作都收進去了，一些流傳不廣的難見作品和一些不知名詩人的資料也在其中，小傳下所附各家詩話，選擇頗精，可以視為增益見識的少見佳製。與之相媲美的，之前有沈德潛的《清詩別裁集》，之後有的是陳衍的《近代詩鈔》、《石遺室詩話》。要研究清代文化，《晚晴簃詩匯》及其編者徐世昌，就是一座繞不過去的高峰。

印象中的徐世昌，有些窩囊。名沒有袁世凱的大，心胸沒有孫中山的寬，手腕沒有蔣介石的鐵。想想覺得好笑，這是哪兒跟哪兒呢，如何可以比呢？不說本不是一回事，便就是一回事，又怎麼能夠這樣來比。能和孫、蔣並論的人物，近代中國，也還真沒有幾個的。但細細推繹下來，覺實際情形大異於所知。

有論者稱，徐世昌若不從政，即為國學大師。實際是便是從政了，他也還做成了國學大師，而且，他所貢獻於我華民族的，遠未被認識到位。

你看，他辦的北京藝術篆刻學校，時下是中央美術大學。他寫字，有《水竹邨人臨帖》三冊、《石門山臨圖帖》一冊傳世。他的書法多為行草，津門名勝，多存其墨跡。今日尚在的天津老字號「正興德茶莊」、「成興茶莊」、「直隸書局」等匾額均為其手筆。

他畫畫，工於山水松竹，「平淡天真，意趣高古；筆鋒凌厲，狀如削玉；詩畫相映，書畫同體；神韻相連，清爽不凡。」其粉墨花卉、松竹以及梅、蘭、竹、菊四君子畫，品位高雅，神韻仙體，在民國畫壇聲譽頗高。舉例說，代表作《晴風露月四竹圖》，就極為出名，人稱「畫中晴竹，振雨露聲；風竹搖曳飄灑，露竹沐甘浸潤；月竹清漪宜人，為竹作中之精品。」他的書畫作品還曾在中國許多地方和日本等國畫展中展出。

當過大總統後，徐世昌在北京的班大人胡同設立「徐東海編書處」，編書很多，質量都還不差。於是，他有了文治總統、翰林總統、詩畫家總統等諸多稱號。

其實徐世昌，亦凡人也。

徐世昌的祖父默默無聞，父親徐嘉賢曾參加鎮壓太平天國的戰爭，只活了二十五歲。父親死的時候，徐世昌七歲。孤兒寡母，生計困頓可知。窮人的孩子早當家，徐世昌十六歲時，不得不做了私塾先生，教學補貼家用。當然，他從未放鬆過自己的學習，那是讀書之外，每天一文，二詩，從不間斷的。後來，他又在河南各縣的縣署內做「編外人員」，處理文書、替官吏寫稿。曾有人問他的志向，徐世昌的回答是：「我日後如果能有一官半職，一定用俸祿好好招待賓客。」蠻可憐。

徐世昌一生中最重要的人，是袁世凱。大約是一八七六年前後，「編外小吏」徐世昌遇到了「紈絝子弟」袁世凱。當時袁世凱寄寓陳州數年，徐世昌則在陳州公署裏理文案。袁世凱飲酒遊樂、指點江山、豪爽闊綽。中規中矩、謙遜穩重的徐世昌和他在一起似乎不諧調。但他們在一八七九年拜把為兄弟。徐世昌比袁世凱大四歲，是兄長。兩人情同手足，徐世昌不時勸說袁世凱生活要有節制，要註意言行，或聽或不聽，但袁世凱對徐世昌的勸告卻銘感在心。

陳州公署小吏席錦全看好徐世昌的發展，把自己的妹妹許配給了徐世昌，還把自家大部分的家產作為嫁妝送給了徐世昌。不久，徐世昌帶著妻兄席錦全和義弟袁世凱的資助，進京趕考，中光緒八年（一八八二）壬午科的舉人。四年後（光緒十二年，一八八六）三十二歲的徐世昌高榜登科，又中了丙戌科進士，入翰林院，三年期滿，授翰林院編修一職。

在翰林院，徐世昌板凳一坐十年冷。

在大清朝，徐袁二人一文一武，一朝一野，一機智一穩健，相互交通，剛柔相濟。這二人對清末民初政壇影響之深，作用之大，無與倫比。徐世昌是袁世凱發跡前的好友，發跡後的軍師。他們交往中最重要的事件之一，是百日維新後期的事。康有為等人接到密詔的時候，抱頭痛哭，徐世昌也在其中。但再後則是徐世昌和袁世凱的審時度勢，袁世凱的臨機拿捏。從此前的小站練兵開始，徐世昌作了實際上的新軍總參謀長，那之後的擘畫，許多成了後來中國變化的藍圖。輿論的同情在光緒帝一邊，輿論的鞭笞在袁世凱一方，但是最高端的政治講的是勢力，袁世凱和徐世昌的選擇，在當時不過是保留了勢力，沒有做無謂地犧牲而已。實際上，此前的徐和袁，是堅定的維新派。後來的徐和袁，又是改革的推動者。當然，和六君子的高尚比起來，徐、袁的行徑不可以被頌揚。

徐世昌在庚子事變後獲得信任。

一九〇七年東北改設行省，徐被任命為欽差大臣，東三省總督兼管三省將軍事務。其時東北處於日俄戰爭之中，大清的疆土被蠶食，從此徐世昌和日人結下畢生的仇恨。在東北，徐世昌全力推行維新時期所擘畫過的諸多舉措，開商埠，借國債，連與國，修鐵路等，成績斐然。他在東北推行新政，以此來抵制日俄對東北的控制。忠厚老實，討人喜歡的徐世昌後來居上，官職很快超越了袁世凱。袁世凱回河南「養病」時，徐世昌已經登堂拜相了。

一九〇八年，清朝成立內閣，以慶親王奕劻為總理大臣，協理大臣分別是徐世昌和那桐。徐世昌儼然成為了晚清漢族大臣的領軍人物。但徐世昌心裏記掛著老袁，全力推出老袁，這就演出了近世中國最可稱道的活劇：他們不願與革命黨對陣，採用和平方式，趕清帝下臺，這避免了一場大內戰，免去了億兆蒼生流血犧牲的災難，最終達到了推翻滿清帝制、創建中華民國的目的，這個決策是明智的，值得肯定。

大清的軍機大臣，兵部尚書，巡警部尚書徐世昌，後來在民國做官，一直做到了大總統。徐世昌為自己，打足了算盤。

一九一二年二月十二日，狀元張謇擬定的清帝遜位詔書頒布：「今全國人民心理多傾向共和，南中各省既倡議於前，北方諸將亦主張於後，人心所向，天命可知。予何以忍因一姓之尊榮拂兆民之好惡。是因外觀大勢，內審輿情，特率皇帝將統治權公諸全國，定為共和立憲國體，近慰海內厭亂思治之心，遠協古聖天下為公之義。袁世凱為總理大臣，值此新陳代謝之際，宜有南北統一之方，即由袁世凱以全權組織臨時共和政府，與民軍協商統一辦法。」

最後一句是徐世昌塞進去的「私貨」，肯定了清廷之後便是袁世凱天下的法統。手法之高，謀略之遠，令人驚服。

袁世凱出山、逼宮、掌權三部曲的導演，都是徐世昌。

袁世凱稱帝之前，問徐世昌：「外間勸進的事，大哥知道否？此事可行否？」徐答：「我不知此事。」老袁不捨，再問：「哄傳日久，豈能不知？」徐說：「知之為知之，不知為不知。」圓滑而硬氣，袁無可奈何。隔了一天，徐世昌對袁世凱說：「稱帝一事，暫不論其是非，就利害言，觀時察局，確難料成敗。若半途而廢，如之奈何？」老袁大驚，但還是一意孤行。徐世昌不在原則問題上讓步，只好辭職，大退大出，在東四五條胡同家中高懸手書的「談風月館」大匾，表示不問政治。徐世昌在日記裏留下了當日的感慨：「人各有志，志為仙佛之人多，則國弱；志為聖賢之人多，則國治；志為帝王之人多，則國亂。」後來的事大家都知道，老袁在火山上被烤焦，老徐在無奈裏善後，在墓碑上親書「大總統袁公世凱之墓」，算是善始善終，全了兄弟之誼。

黎元洪任總統，段祺瑞任總理。都和徐世昌安排有關。在北洋軍閥各派系的鬥爭中，徐世昌慣以元老身份與居間調和者的角色因勢操縱。二人不久即發生府院之爭，徐以北洋元老資格應邀抵京，先調解黎元洪和段祺瑞之間的權力鬥爭，後又調解直系軍閥首領馮國璋和段祺瑞的矛盾。

黎元洪之後的一九一八年十月，徐世昌經皖系軍閥操縱的安福國會選舉為總統。他標榜「偃武修文」，下令對南方停戰。

一九一九年五四運動中的大總統徐世昌是難受的。五四運動的沒有被血腥鎮壓，實在說就是這位書生總統沒有張牙舞爪的寬厚所致，這是需要大書特書的。壞事傳千里，好事人不傳，這是我們民族的痼疾之一。大家似乎忘記了他的這個大功。最初，徐世昌力圖保持和學生之間的諒解態度。他既竭力挽留已是眾矢之的的曹汝霖，也下令全部釋放了因「火燒趙家樓」而被逮捕的學生，段祺瑞主張對請願學生採取嚴厲措施，他一笑置之，仍然表示出一種要平息事態的態度。後來，徐世昌順應民意免去了曹汝霖、章宗祥及陸宗輿的職務。再後來自己主動向參、眾兩院提出辭職，引起民國政壇震動。辭職書剛送到國會，參、眾兩院的議長就親自登門把原件退回。而徐的政敵、在運動發生之初曾經大罵徐世昌的段祺瑞，則親至徐宅，對徐世昌進行挽留。次日，各地挽留徐的電文也像雪片般地飛來。處變有方，顯現了他高超的領導技術，他鍾情傳統文化，高漲的「新文化運動」要打倒孔家店，徐世昌因此提倡「尊孔讀經」以為抵制，他沒有採取文化高壓政策貫徹落實他的「大總統思想」。和後來一遊風吹草動就高調彈壓的最高執政們比起來，徐大總統的立場非常難能可貴，值得萬世頌揚。他在民族工業蓬勃發展、社會思想空前解放、報紙雜誌言論大膽的非常時期留下了可歌可諷的胸襟和氣度。他的寬容，是我們民族少之又少的文化精神財富。要是換一個人如段祺瑞，則北大校長蔡元培、五四運動的總司令陳獨秀、社會主義者李大釗、自由思想的領路人胡適，都不會安全地去發明一個現代化的中國。這個寬厚，為現代中國的發展，奠定最好的思想基礎。回看後來的國家發展，還有這樣的時候嗎？嘆嘆。

一九二一年，中華民國總統徐世昌下令將《新元史》列入正史，與「二十四史」合稱為二十五史，後來受到好評，黎錦熙稱，《新元史》是二十五史中與前四史和《新五代史》並列最成功的六部史書之一。

一九二二年，第一次直奉戰爭後，直系控制了北京政府，先前的老部下曹錕、吳佩孚指徐世昌總統為非法，迫其去職，從此徐世昌退出政界，居住天津租界，不再過問政治，在「退耕堂」過起了老有所為的隱逸生活。還在袁世凱讓他主事的時候，他就曾在政事堂上懸匾「後樂堂」。這次，他是真心退隱了，他與林琴南、嚴範孫、趙湘帆等名士組成「晚晴簃詩社」，酬答唱和，境界臻妙。

徐世昌做過九年翰林。他深諳傳統文化中「政事可以及物，文章止可潤身」的道理。他的飽學，是為了濟世，經世致用。為國蒼生自是他的畢生追求，所以他做官。他文武兼備，他知進知退，也能進能退。他不是聖賢，但他和他的作品已具備了超凡入聖的氣象。

他曾給大清翰林、南開大學創始人嚴範孫題詩云：「詩壇酒壘厭江湖，眼底縱橫見此圖。花月多情如夢幻，川原有恨入榛蕪。客來闢輔三霄路，臣本煙波一創徒。」高士飄然山林、深知宦途如夢的隱逸心態躍然紙上，高華磊落，舒捲自如，大家稱譽其「吟詠之功，度越前人」。

在民國總統裏，徐世昌是「最窮」的一個。他要弄錢，機會應該很多，但他的愛好不在這裏。他的好友王懷慶，以「徐夫人胭脂費」的名義送來了十萬大洋，徐世昌一怒，也不顧什麼老友情意，任王懷慶等在客廳多時，就是避而不見。

徐世昌的家人也很節儉，夫人甚至穿打了補丁的長袍。每年八月十五中秋節，別人家吃月餅過節，徐家卻有「扣鍋」的傳統。這一天，全家上下不做飯，不吃主食，體驗「吃不上飯」的感覺。這是徐世昌給家人定的規矩，因為他年輕時曾經一度落魄，所以格外珍惜此後得到的生活。即使在他過世十幾年之後，徐家後人依舊堅持著這條家規。

大半輩子為官，從不亂花錢，有錢就出書似乎是他的信條。除去置辦的部分房產，徐世昌沒有投資，他晚年把個人全部精力都投入到詩詞歌賦、書法繪畫、著書藏書的愛好裏。他讓家人在日常生活中節儉，但在著書藏書這些「有用的地方」卻毫不吝惜。徐世昌的《清儒學案》、《顏李遺書》、《弢齋述學》、《大清畿輔先哲傳》、《歐戰後之中國》、《退耕堂政書》、《東三省政略》、《將吏法言》、

《百硯譜》、《歿養齋日記》、《大清畿輔書徵》、《書髓樓藏書目》、《元逸民畫傳》、《國樂譜》、《海西草堂集》、《古文典範》、《明清八家文鈔》、《水竹村人集》、《歸雲樓集》、《歸雲樓題畫詩》、《退耕堂集》、《竹窗楹語》、《藤墅儷言》、《揀珠錄》、《晚晴簃詩滙》等都是他親自主持，並自掏腰包編纂、印行的。僅《清儒學案》，就有二百零八卷。他創作的詩詞也有五千餘首，楹聯佳製則有一萬餘副。

徐世昌天津退居十七年生活的話題主要有三個：一是往日的「政績」，特別是在清朝出任東三省總督的「光輝歷史」；二是自己的詩、書、畫，常以「文藝全才」而自娛；三是以自己年過八十仍身體強健，而深諳養生之道，興會時復吟放翁詩「八十老翁頑似鐵，三更風雨採菱歸」而嬉。早在做貧寒士子的時候，徐世昌就崇奉呂祖，此後他一生篤信。每日早起，必先打坐，午睡後，在呂祖像前叩首一百個，天天如此，從未間斷，這是禮敬，也是鍛煉呢。有信仰，有所不為，有所必為，這便是翰林總統徐世昌的人生底線。

晚年，徐世昌為拒絕參加日軍組建的華北傀儡政府，曾怒斥曹汝霖。一九三八年初，日本人板垣師團長和特務頭子土肥原賢均約見徐世昌，仍遭到拒絕。金梁等人曾是徐氏門生，任職於偽滿洲國，他們秉承主子旨意規勸徐世昌：「老師千萬別喪失良機，出任華北首領，這是為了老師的晚節。」徐世昌聞言憤然大罵：「你們太渾！你們知道什麼是晚節？像你們這樣，貪於一時名利，出賣國家民族，違背天理良心，這才算晚節不保呢！」潸然淚下之餘，老人拂袖上樓。

一九三九年春，徐世昌的膀胱炎日趨嚴重，北京協和醫院泌尿科專家謝元甫來津診治。謝檢查後決定，必須動手術，需要到北京住院治療，北京有關方面也邀請徐世昌去治病，他的病情可以通過治療得到緩解，但徐世昌擔心去北京後日本人劫持，權衡再三，他放棄了，堅決不去北京。最後病情惡化，至一九三九年六月辭世，享年八十五歲。

當時，國民政府主席林森下令褒揚：「徐世昌，國之耆宿，望重群倫。比年息影津門，優遊道素。寇臨華北，屢思威脅利誘，逞厥陰謀，獨能不屈不撓，凜然自守，亮風高節，有識同欽……」

徐世昌去世後，棺槨寄葬於天津桃園村原英國公墓。後來根據他的遺願，遷往輝縣，與夫人一起葬於輝縣百泉蘇門山東側。遵照他的想法，墓修的很簡單，沒有石獸石像，只立一墓碑，上刻「水竹村人之墓」。據說，文化大革命遭劫被毀，遺棄在今輝縣衛校大院旁。另有人說，他的後人在八十年代將其遺骨遷走了。

徐世昌沒有兒子，只有兩個女兒。

徐世昌或許不是革命家，政治品德也或許算不上完美。斡旋運籌、挽救危亡的事他做到了，也盡管不夠完美。但他一定是一個傳統意義上的優秀知識分子，立德立功立言的志業是他一生不渝的信仰。他學識廣博，推行新政，熱愛國家，堅持和平，崇尚自然，晚節高標，官場政客和那些擁兵自重利欲董心、禍國殃民的武人與他相比，是理應慚愧的。

二〇一〇年七月二十五日寫畢於夏日炎炎的高溫中

也讀葉德輝

葉德輝不大好說，但喜歡讀書的人繞不過他。葉德輝觀古堂的藏書，是當時國內私人藏書最多的，比之當時南北名藏書樓，也毫不遜色。嶽麓書社出過一本《葉德輝傳》，是上、下兩編，上編批判，歷數他的劣跡，下編褒揚，說其學術成就，是有保留的肯定。大家多不滿意，陳平原甚至說，「糟蹋了一個好題目。」

大雪天傍晚，出門是不大可能了，就翻書。觸手即嶽麓書社的舊籍新刊《書林清話‧書林餘話》，正好和俞曉群兄前些年印的遼教新世紀萬有文庫版《書林清話》在一起，就索性再翻，找出彙輯房中、香艷諸書十七種的《雙梅景闇叢書》，看起來。門閉了，是雪夜，然而不是禁書，算起來福氣是比前人多許多的。

葉德輝當日刻印的書，很美，要算民國初年的佳製。手邊的《雙梅影闇叢書》是影印本、排印本合成的一冊，從上面翻閱，是橫排現代版式，從下面翻上來，則是原樣影印本，封面則兩面都一樣，也現代也古典，很漂亮。葉氏號郎園。郎，是《說文解字》作者許慎的故裏，在雪花飛揚裏，思緒飄向中原，飄向湘江。

孫犁說，姑蘇籍的葉德輝找過葉昌熾，要聯宗，以《藏書紀事詩》和《語石》名世的葉昌熾拒絕了他，還說，葉德輝面相不好，要遭橫死。不幸言中了，不知葉昌熾所操何術。天南海北，我查過資料，也問過一些友人，想弄清楚孫先生所言的根據，結果不免失望。

龔明德先生為袁濱兄的《盈水集》作序，說讀書人要長進，一個重要的原因是要「根據自身的條件去勇敢地真誠地結交可以提升自己的書界先進」。「『書界先進』，不一定具體就是某一個或某一群活著的人，也可以是歷史上的某一個或某一類成功讀書人。中外人類成功的讀書史上，有著大量的『先進』。可以講，只要在靈魂上靠近了哪怕只是一個葉德輝，也可以長足向前向上的。」那麼，這個葉德輝是成功的讀書人了，雖死猶生，自然是在他的書裏，是在讀書人的心裏。後世的讀書種子想著在靈魂上靠近，這個讀書人，確實是活成了。葉德輝的過人處，是無論如何，也從未放棄過對學問的追求。《書林清話》自敘裏的話，可以算作他對後世知音的一個回覆了：「吾書雖廢於半途，藏書家固不患無考證也。嗟乎！五十無聞，河清難俟，書種文種，存此萌芽。當今天翻地覆之時，實有秦火胡灰之厄。語同夢囈，癡類書魔，賢者閔其癖好而糾其繆誤，不亦可乎。」龔師沒有舉別的例子。可以想見，葉德輝在當代讀書種子心中的位置。

《書林清話》錄述過一個典故，說司馬光對讀書有「深癖」，把自己的書房稱為「獨樂園」，其中「文史萬餘卷，公晨夕所常閱，雖累數十年，皆新若手未觸者」。每逢天氣晴朗，他就在照得到陽光的地方擺下几案，將書本搬排開來，曝其書腦。所以他的藏書雖年深月久，並無損毀。當讀書時，他必將書桌拂拭乾淨，墊上茵褥，然後擦淨雙手，才開始展讀。葉氏對司馬溫公的這種行為是持稱贊態度的。有人把這個例子劃到了讀書養身的文字裏，照說，葉德輝應該是一個深諳養身之道的人。可是，他犯了一個很低級很低級的錯誤。他不知道三十六計走為上。民間有一故事，是說有一個山裏的高士，善吐納導引之術，九十歲了，還童顏矍鑠，身健如飛，只是不大與常人交事。一日行路，遇虎，被吃掉了，為鄉人所笑，說那人修煉的結果，不過是餵老虎而已。葉德輝對於養生，亦可謂用心。他輯錄的那些房事秘籍，本質上都是養生類的，後來人有弄這些的，搞出的書就叫《中國古代房事養生》。據傳說，葉德輝盡管「寡人好色」，卻也健康異常，精力過人，才情過人。後來的遇禍，借小說家語說，是「你身為作家，不通達人情世態，可怪也。」魯迅研究專家朱正說葉德輝死的活該，則是過頭的話。高明人畢竟是杜甫：「世人皆曰殺，吾意獨憐才。」李白也不為人理解，朝廷視他作叛臣，知道他價值的只有杜甫，杜甫珍惜他，永遠地懷念他。詩的後四句是：「敏捷詩千首，漂零酒一杯。匡山讀書處，白首好歸來。」杜甫說，老李啊，回來吧，歸來啊。杜甫寫李白的詩多，如《天末懷李白》，題目就動情。《飲中八仙歌》裏的李白「天子呼來不上船，自稱臣是酒中仙」，夠狂傲的。是典型的恃才傲物。葉德輝也夠狠的，敢於與人作對，與潮流作對，口無遮攔，筆無遮攔，光緒間弄出《翼教叢編》、《覺迷要錄》詆毀康、梁新政，辛亥後敵視民國，辱罵黃興，有《光復坡子街地名記》刊載，曾被唐蟒、湯薌銘逮捕下獄。後國民軍北伐，湖南農民暴動蜂起，葉氏作聯語「農運宏開，稻粱菽麥黍稷，盡皆雜種；會場廣闊，馬牛羊雞犬豕，都是畜生」譏諷，直接導致被農會於一九二七年四月十一日槍決，那年他六十三歲。這是一筆糊涂賬，曰共曰國，說誰殺的都有，具體的事是，葉德輝寵愛有加的外甥女帶著人哄騙進了葉府，綁出了老葉。胡適民國二十年（一九三一年六月十八日），為葉德輝遺札冊頁題詩云：

郋園老人不怕死，槍口指胸算什麼！
生平談命三十年，總算今天輪到我。

殺我者誰？共產黨。我若當權還一樣。
當年誓要殺康梁，看來同是糊塗賬。

你們殺我我大笑，我認你們作同調。
三十年來是與非，一樣殺人來翼教。

胡適後來把它改題為《悼葉德輝》並編入《嘗試後集》，在第二段下註上了一句話：「此章可刪去？適之。」寫下此詩後的第二天，胡適把它抄呈周作人，並在信中稱，此詩「語雖似遊戲，而意則甚莊。」此一公案意味深長，涉及那個動蕩年代的是是非非並適之心態，一言難盡。魯迅謂：「革命，反革命，不革命。革命的被殺於反革命的，反革命的被殺於革命的。不革命的或當作革命的而被殺於反革命的，或當作反革命的而被殺於革命的，或並不當作什麼而被殺於革命的或反革命的。革命，革革命，革革革命，革革……」很可惜，被革命了的，不僅是生命，是國計民生，還有思想和言論的自由。

不過，據譚伯牛講，殺葉德輝的不是共產黨，而是國民黨省黨部領導下的特別法庭，不是德輝能殺康、梁，而是啟超要借刀殺德輝。胡適犯了一個「大膽假設」的錯誤。「一樣殺人來翼教」這句話，按照「葉德輝對待革命黨的態度，吾人有理由相信，他不大會選擇以殺止殺，他是刀子嘴，豆腐心。毛澤東在中共八屆十二中全會閉幕會（一九六八年十月）上，專就德輝之死說了這麼一句話：『這個保孔夫子、反對康有為的，此人叫葉德輝。後頭顧孟餘問我，有這件事嗎？我說有這件事，但是情況我不大清楚，因為我不在湖南。對於這種大知識分子不宜於殺。那個時候把葉德輝殺掉，我看是不那麼妥當。』」

葉德輝死後，農運分子和國民黨曾一度爭功，都說這個「惡霸」是自己殺的。後來又覺得葉德輝這樣一個大學者，是跟明代方孝孺一樣的讀書種子，不太該殺的。至少是殺得太可惜了。於是，又互相推卸責任，說是對方殺的。一筆糊塗帳，到今天還糊塗著。這真是莫大的悲劇。

葉德輝弟子中楊樹達最是有名。持學嚴正、不輕許人的楊樹達，有《郋園全書序》，對葉德輝極為推崇，稱「嘗謂自來經術，莫盛有清，先生生丁末季，殿彼一朝，大可理初，愧其博洽，淵如西莊，遜其專諧。信學林之偉業，曠代之鴻儒。」

楊樹達，也是毛澤東的老師。

葉氏以海內名士身份，以好書、好色擅譽人間。「所藏幾二十萬卷，異本重本插架累累，《四庫》應讀之書既已遍讀，《四庫》未見之書亦隨見隨讀」。讀書之餘則遊戲青樓，捧旦角，粉頭斷臂，男女通吃，或著書為之立傳，或出榜為之排序，欲占盡天下好書和艷婦，其買書詩云：「買書如買妾，美色看不厭。妾衰愛漸弛，書舊芳益烈。……買書勝買妾，書淫過漁色」。由於錢多，他還養有一個戲班子，豪華聲伎之盛，傾動一時，觀劇時還要與友朋唱和，賦詞吟詩。《昆侖百詠》即是觀劇之作，多達二百首。可以說，那時的葉德輝出盡了工商士農享樂人間的風頭。有人說，葉公，亦性情中人。《書林清話》裏有《女子抄書》一節，於女子能抄書者，贊不絕口，以為是「書林佳話」。在《藏書偏好宋元刻之癖》中，葉也說到了嘉靖中期的藏書家朱吉士大韶，訪得吳門故家有宋刻《後漢紀》，遂以美妾換回的事，葉德輝並有評說：「夫以愛妾美婢換書，事似風雅，實則近於殺風景。此則佞宋之癖，入於膏肓，其為不情之舉，殆有不可理論者矣。」而《雙梅景闇叢書》中的《青樓集》、《板橋雜記》、《吳門畫舫錄》、《燕蘭小譜》、《海漚小譜》、《秦雲擷英錄》，皆梨園青樓、優伶歌妓之傳譜，俱被侮辱被損害者的記錄也。弟子中有行為不檢，而才華橫溢者，人多批評，葉則回護有加，予以寬貸。「刀子嘴，豆腐心」之說，誠非虛語。好書是真，好色亦真，真好色，則憐香惜玉又是自然的，坊間所謂殘酷乃至逼死女子事，莫須有的成分多，或因「惡霸」惡謚流傳甚遠，思維想像成分更多所致。那年頭，蒙「惡霸」之名而家破人亡的，是正常的。劉文彩及「收租院」事，是假的，《高玉寶》一書的作者說，周扒皮要學半夜雞叫，須得比長工起得早，擱在今天，他也會是一個好的致富帶頭人。真實的狀況會是個是麼樣子，難以想像。要之是風暴來了，餛飩一片，無可奈何才是真的。天要作孽，誰可活？

葉德輝其實是可以逃過那一劫的。蘇州有老宅，也回去住過一陣。當時也有弟子要他離開長沙的。再退一步，有深宅大院，他把門關起來，不理那個丫頭片子就是了。他是湖南讀書人，湖南自有傳統，曾國藩說過：「書生好殺，時勢使然也」。當時的主流是亂，是造反，是拉桿子，他不識時務，不和光同塵，在亂世裏耍弄學問，還要逞口舌筆墨之快，他不是呆子誰是呆子。他要是像曾前輩那樣也拉起一支隊伍，最好是上了山，也「和尚打傘」起來，結局倒難說了。可惜他只是個書蟲。他留在書房門口的偈語很風趣：「老婆不借，書不借」。不過，世界上有願意借出的傻瓜嗎？

話說回來，人固有一死，死就死了，也沒有啥。一死之後王國維跳湖隨之，王說：「五十三年，只欠一死，經此世變，義無再辱。」章太炎也深為嘆惋這顆讀書種子的隕滅。梁啟超說：「兩湖學者葉德輝、王葆心之被槍斃……靜公深痛之，故效屈子沉淵，一瞑不復觀。」當然是聽錯了，湖北著名的經學、方志學和藏書大家王葆心（一八六四～一九四四）並沒有被槍斃，他是一九四四年才病死的。陳寅恪《王觀堂先生輓詞》頌王國維：「先生之著述，或有時而不章。先生之學說，或有時而可商。惟此獨立之精神，自由之思想，歷千萬祀，與天壤而同久，共三光而永光！」說王國維之死者，必說葉德輝，身膺此榮，夫復何憾。

上海人民出版社出版，李零、郭曉惠等譯的荷蘭漢學家高羅佩《中國古代房內考》一書，引述了《雙梅影闇叢書》所收「房中書」五種《素女經》、《素女方》、《玉房秘訣》、《玉房指要》、《洞玄子》內容，說過葉氏搜書輯佚校勘的事後，高羅佩講：「葉德輝的書證明，他是一個博學嚴謹的學者。這亦可從他對這五種書的處理方式得到證實。」談及他的死，則說《雙梅影闇叢書》的刊印，讓「他因此大大觸怒了當時的舊派文人，使自己的學者聲名掃地以盡。他是那樣不幸，甚至慘遭匪徒殺害也未能引起任何同情。」

葉氏歿後，葉德輝一九一〇年所收弟子、日本漢學家松崎鶴雄有《葉德輝傳略》，略云：

> 葉德輝，字煥彬，號郎園，湘潭人，光緒乙酉科本省鄉試舉人，壬辰科進士，授吏部主事。中國故重科第，而科第尤以翰林、吏部為清要之選。明以來，文稱臺閣體，蓋朝廷典章銓選所從出。居是官者，率自矜貴。郎園觀政未一年，拂衣歸隱。其先世自祖以上，本江蘇人，江蘇葉姓為華族，自宋葉夢得，元葉顒，明葉盛，清葉樹蓮、葉林宗、葉方藹、葉奕苞、葉燮，皆以藏書、著作名重當

時。郋園家雄於財，少承庭訓，又多先世遺書，朝夕披吟，遂精考據之學。湖南人士言儒學最晚，遠者祖濂溪周氏，闡明性理；近則王船山一派，以議論解經，略參古訓；迨鄒漢勛、魏源、曾國藩、周壽昌出，與江南人士往來，遂變其學，然不盡宗漢法也。郋園家富楹書，所藏多江浙經師遺集，故其為學與諸老不同。同治、光緒中，湖湘文學士多遊郭嵩燾、王闓運之門，郋園篤守家學，未嘗一執雁焉。幼好漢許慎《說文》，以許所居里在汝南之郋地，因自號「郋園」，以志私淑。又號「麗」，取《說文》「麗閶明」之義，顏其藏書樓。嘗為說，以「麗」即「離婁」之轉聲，「婁」與「樓」又通用。其篤嗜小學如此。平生著書極富，以《說文解字故訓》為最精博。舟車行旅，必以書目數帙相隨。凡所藏官私目錄，大都墨塗朱校，考辨授受源流。其自藏書，編《觀古堂書目》四卷，折衷漢、隋兩《志》，損益古今。收藏書畫、古器、泉幣，遊歷湖南者皆得見之。所著《郋園書畫題跋記》六卷，兼賞鑒考訂二事之長。泉幣之富，則見所著《古泉雜詠》四卷。又著《消夏百一詩》二卷，專論所藏明清兩朝聞人字畫、折扇。二書均刊入《觀古堂全書》。近著有《藏書十約》一卷、《遊藝卮言》二卷，自述收藏之甘苦，欲以昭示來學也。郋園大而經史四部，小而詞曲，無書不購，無學不通。東京鹽谷溫從之問曲二年，於南北曲劇之變遷、聲律雅俗之分辨，手書口授，語焉必詳。家有梨園部，承平歌舞，遊客恒得飫聞。辛亥鄂變後，不免有「子弟散如煙」之恨矣。所著刻書曰《觀古堂所著書》、《觀古堂彙刻》、《麗廔叢書》、《雙梅影闇叢書》。又撰宋趙汝愚遺事為《趙忠定別錄》八卷，輯《忠定奏議》四卷。又著《六書古微》十卷、《說文讀若字考》七卷、《同聲假借字考》二卷、《經學通詁》一卷、《觀古堂詩錄》一卷、《郋園北遊文存》一卷、《郋園六十自敘》一卷。又校刊《金虜海陵王荒淫》一卷。先是康有為、梁啟超唱新學於湘垣也，郋園糾合舊學同志，大駁議之，編《覺迷要錄》二卷、《翼教叢編》二卷。辛亥革鼎後，屢遭少壯者之厄，或觸司牧之忌，幸得免之。邇來專心著述，王闓運、王先謙、皮錫瑞諸儒棄世之後，湖南獨存郋園耳。今年丁卯三月，為×××所戕害，其藏書三十餘萬卷沒入廣東中山大學云。

鶴雄親炙郋園，出入觀古堂者九年，今聞噩耗，茫然自失，信不能之。此時湘省郵電不相通，裁書問北京清華大學楊遇夫教授，始得其實。歔欷者久之。

葉德輝在日本學界名氣很大。田岡正樹一九二七年六月在《遼東詩壇》第二十四號發表的葉德輝之子葉尚農覆松崎鶴雄的信函，題為《葉郋園歿後之消息》，亦頗難得：

先父於夏曆三月初七日晚六時被農工界在家捕去，送押長沙縣署內。當即遍懇有力各要人出為救援，均歸無效。初十日由長沙縣轉送特別法庭，於下午三時提訊一次，所犯刑律「帝制嫌疑」。四時遂往瀏陽門外識字嶺槍決，身受兩槍，一中頭部，一中心部，是遭慘死。嗚呼痛哉！是日全家大小恐被逮捕，均皆逃避，妻離子散，惶懼萬分。家中所有藏書以及金石、字畫、古銅、遺稿、應用金銀珠玉、衣服器具等之要件，均被彼等搶劫一空。家中僅存少數書籍、碑帖、書版，充為中山圖書館所用。現懇友人疏通，故未搬移他處，住宅充為館址，並設辦事處管理，有人聞有散失。家藏宋元及善本書籍，計存無幾。現事仍未解嚴，棘人合家大小、男女人丁至今隱逸，逃往四方，仍未團聚。霎時家敗人亡，不知所犯何律。先嚴近撰《觀古堂藏書記》、年譜、詩稿、經學各書，均被沒充。刻在託友說項，不知能否發還。棘人遭此大故，現使流離失所，寢饋難安，神精恍怫，如若癲狂。一切苦衷，罄竹莫宣。知我如兄，其將何以教之，而將何以救之耶？棘人刻間礙於事未解決，仍舊猬居避別，不敢問世。

人非聖賢，孰能無過。葉德輝亦所不免。謝國楨《叢書刊刻源流考》說：「葉氏為湖南土豪，出入公門，魚肉鄉里，……論其人實無可取，然精於目錄之學，能於正經正史之外，別具獨裁，旁取史料，開後人治學之門徑。」謝為學者，但學者的話也不一定都對，如同周作人說葉德輝給皇帝選秀女，卻先自己猥褻一樣，也不過道聽途說而已。清代的黎二樵是廣東名士，才情很高，大他三十歲的袁子才南下看望在廣東做官的弟弟，屢屢登門要和他相見，他不但拒絕，還寫信給朋友袁堂罵子才。嶺南冼玉清教授收藏了兩封黎二樵給袁堂的信，收入六十年代初出版的《藝林叢錄》第三編，信稱：「今此老則惟以淫靡宣著於天下，則以為才子風流之所不諱者，不復知天下有羞愧之事。」還說子才的詩話就好像「對夫淫妻，對父淫女，」極難聽，等於罵子才是個老淫棍。溫厚的冼教授覺得這位鄉賢輩有點過份了。二樵信裏還說：「立天下之名易，立千秋之名難」。袁枚的幸運在於他所生活的時候比葉德輝的太平一些，所以他就活到了壽終正寢，實際上葉德輝的所作所為未必比袁子才兇惡到哪裏去，可是由於身當亂世，遭遇就差得沒法說了。葉德輝說：「清末有四個人講《公羊》，王湘綺（闓運），廖季平（平），康南海（有為），還有一個是我。其實他們講的都是『母羊』。只有我這一頭才是『公羊』。」

葉德輝身後輿論洶湧，清醒的或許只有王國維，而他是拿出了自己的生命作箋釋。張之洞有「葉某不莊」一語，對的成分倒多，因為葉德輝自己就很同意：「此一字榮褒，真可謂之知己。吾非不端，又非不正，平時每與講學論事，雜以詼諧，其為不莊甚矣，豈非吾一生定評哉。」葉德輝死了，王國維死了，陳寅恪有言：「王國維之死，不關與羅振玉之恩怨，不關滿清之滅亡」。和滬上陳克希兄通電話，他說每個時代，真的讀書人不多，留下來的記述也就不多。今天我們看過去是這樣，後代看今天也是這樣。讀書人能看清楚一些事，也會了解和記述一些事，歷朝歷代，對讀書人都不寬容，政府都怕這些讀書人，因為政府做的事，讀書人也知道，也會批評和記述。但政府也知道，秀才不會造反的，造反也成不了氣候，所以拿他們開刀，殺一儆百，往往有奇效，可以萬馬齊喑。個別讀書人會過激、暴躁一些，這跟他的性格有關，大多數的讀書人，是溫和的。

葉德輝有些話說的不好，有些事也做的不好，他還在朝廷作吏部主事時，有一回跟人論事不合，竟給了人家兩巴掌。他幽默風趣，嬉笑怒罵，有時也不免失之尖刻。他這樣說過王先謙：你的書又臭又長，動不動就是幾十上百卷。讀者讀不懂，書商刻起來也費錢。我的書就不一樣，三教九流，人人可讀。最多也就十卷、八卷，後人得到了，翻刻起來也容易得多。你的書一定不如我的書流傳久遠。其實，他倆的關係蠻好，王撰《漢書集解》，葉就提供了很多的書作資料。葉德輝對自己書的自信有道理，可是話那樣說究竟還是不好，為什麼不給人家留點臉面呢？

文章家董橋寫了一篇題為《文化流氓藏書家》的文章，專談葉德輝，結束的時候他說：「恃財侮辱女性的淫棍意識古今中外都有，這麼一位學問好、詞章好的藏書家人品那麼低俗，真可惜。」翻閱《雙梅景闇叢書》，跳入眼簾的是葉德輝為《觀劇絕句》所寫的序言，有句子說：「世運之升降，人心之厚薄，觀於一事之微，而有變遷之概，故余有恒言：劇無可觀，觀劇以觀我而已。後之覽此者，亦猶今之於昔也夫！」

對照著看，覺得董橋先生可能沒有說準確

二〇〇九年十二月十八日上午寫畢於雪後冬日陽光中

胡適的意見

陳之藩有《談忠藎》一文，內中說，當年張元濟在商務印書館的時候，編一本供中小學生誦讀的書，名字叫《中華民族的人格》，選了《左傳》、《戰國策》、《史記》上的文章，每一頁上、下均分分為二，上半是原文，下半是張元濟翻譯的白話文字。張元濟覺得能夠代表中華民族人格的大人物是公孫杵臼、程嬰、伍尚、子路、豫讓、聶政、荊軻、田横、貫高等。這些人「有的是為盡職，有的是為知恥；有的是為報恩，有的是為報仇，歸根結果，都做到殺身成仁。」張元濟送上一冊，請胡適為之作序。看到書，胡適的看法和張元濟的有所不同，他以為所選的人物，應「事跡不限於殺生報仇，而要注重有風骨、有肩膀，挑得起國家重擔子的人物，故選荊軻不如選張良，選張良不如選張釋之與汲黯。」

胡適選了這些人作「中華民族人格」的代表人物：漢代的是張釋之與汲黯，後漢的是光武帝和鄧禹、馬援，三國是諸葛亮和曹操，晉代是杜預和陶侃，唐代是太宗、魏徵、杜甫、陸贄，宋代是范仲淹、王安石、岳飛、文天祥，明代是劉基、方孝孺、王守仁、張居正，清代是顧炎武、顏元、曾國藩。真是高人一等的選擇，是先天下之憂而憂的人。

想起時下的《思想品德》課本。乾巴巴的條塊之外，不見有血有肉的人物。或者有一些救難的英雄，卻不見救世的人物，或者只是人，不見「事」。胡適舉出的人物，則和這些不一樣，以汲黯為例，皇上讓他去看火災，他到河南後見由於水旱而人相食，哀鴻遍野，就持節開倉賑濟，救民於水火。那是改了聖旨的，抗命之罪，在等著他。後來汲黯反對武帝的窮兵黷武，提議和親，反對他輕易殺人，那是用了十二個宰相，卻殺了八個的皇上。當然，汲黯後來是被踢到邊陲去了的。胡適表彰他，表彰後來的魏徵，都是基於忠誠於信仰和百姓生死。汲黯的信仰，就是人命關天，百姓生死。這樣的人，才是民族昌盛的根本。現今是一統盛世，大約沒有民處水深火熱中的事，或許不需要汲黯，但為民族長遠計，胡適的意見則值得重視。

二〇一〇年四月二十九日上午

國學大師李審言

講自學成才，有一個人特別值得說，這個人就是李審言。國民政府成立後，蔡元培任大學院長，後來大學院改為中央研究院，蔡先生發出聘書，聘李審言、魯迅、胡適等十二人為特約著述員，與今日之院士相類似。一生自學，由鄉村塾師而至大學最好的教授、中央研究院特約著述員，這人之能，自然非同一般。無怪乎錢鍾書說，李審言的文章值得絕代稱頌。

李審言（一八五九～一九三一），名詳，審言是其字。一字槐生，晚號輝叟。江蘇興化人。明代狀元宰相李春芳八世孫。著名文學家、學者，「揚州學派」後期代表人物。一八七六年被江蘇學政王先謙取為第一名秀才。一九二三年受聘為東南大學國文系教授。一九二八任職中央研究院，著述等身。

故居

在興化儒學街與東嶽廟橋下最南端大磨子交匯處，沿朝東門樓拾級而上，有一處明清風格的古建築，是李春芳的故宅。李審言居所在「李府」的最西邊，是一個獨立的小院。小院西側懸著「二研堂」匾額的兩間座北朝南的屋子，就是李審言在老家讀書寫作的地方。天井小花臺上，長有一棵伸入墻外的百年石榴樹。東邊有一南北走向的花墻，從花墻中間一六角腰鼓形小門入東，就是李審言起居處，是三間正屋，再東為三間穿堂。穿堂南側為臨儒學街而建的廚房、下屋等雜用房舍。李審言晚年筆耕不止，在這裏撰述不輟，寫作並整理了《愧生叢錄》、《選學拾瀋》、《學制齋文集》等十八種書籍。同時，他還通過購買、徵集、交換等方法收藏了各類圖書包括方志、家譜等古籍萬余冊，陳列於由穿堂改建而成的藏書室中，供家鄉人借閱。邑人稱此藏書室為「審言圖書館」。後來，李審言為方便讀者，將圖書館遷移到北大街東寺橋東側的「李家大書院」，也就是石麓書院中，並請其族玄孫李育才專職負責圖書管理及借閱工作。

一個人身貧家困，心憂天下，這個人就大有胸襟，李審言是這樣的人。如今，胡喬木題寫的「李審言故居」匾額，高懸在門上，成為興化一景。當然，原有的屋子被拆了，這些房子，是一九八六年後又復建的。

家庭

李審言的父親李增曾任縣主簿，為七品官，後因經商破產，家道陷入貧困。二十五歲的時候，李審言娶舅氏沙溝趙芝田次女趙雲珠為妻。

光緒二十年（一八九四）冬，冰天雪地的時節，李審言見到了凌次仲《校禮堂文集》，借回家來就燈潛讀。夜闌更深，雙腳如冰，趙雲珠拖他把腳揣到棉被中，得以溫暖。看到興會處，他披衣尋筆，寫錄筆記。趙雲珠心疼，拽足溫婉，說天太冷了，明天再寫。他說不行，筆勤誠有效，省卻苦追憶。妻子問為什麼這樣癡，答曰癡則甘之。下筆書寫，筆頭結冰，李審言搓手取暖，呵凍而書，書畢，心花怒放。

光緒二十一年（一八九五）至光緒二十二年（一八九六）間，李審言與夫人趙雲珠僑居鹽城秦南倉，為疾病所纏，醫療和藥品均缺乏，病勢沈重，當時與妻子流涕訣別，給妻子講漢朝王章的故事。王章在漢朝的長安就學，獨與妻居。章疾病，無被，臥牛衣中，與妻決，涕泣。其妻呵怒之曰：王章啊，京師尊貴，在朝廷裏的人誰超過你了？今疾病困厄，不自激昂，乃反涕泣，我看不起你！趙氏夫人也被感動了，就說說：「秦南倉人誰逾君者，乃亦涕泣，又何鄙也！」（《李審言文集•愧生叢錄卷五》）李審言破涕為笑，病情逐漸緩解，「呻吟之中，不廢觀書，雖至饔殄靠匱，此志未輟」（《愧生叢錄•自序》）。

其實趙雲珠心裏，比李審言更苦。日子太緊了，幾乎天天都向親戚鄰裏借貸，無奈中家也搬到破茅屋中，一些書也典賣了。李審言病重的時候，爬在桌子上，僅有喘氣聲。「一燈熒熒，孺人為余捶背，余甫交睫。」家事艱難，趙氏偷偷準備了鴉片，想吞食，一死之後，一了百了。復念小兒尚在繈褓，老奶奶也禁不起這樣的變故，這才忍死作罷。趙氏夫人又背著丈夫從自己左臂上割下肉來，在煎藥時放進藥罐，看著李審言服藥後才放下心來。夜間，趙氏夫人為李審言拜斗禳病，「跪天井內，冷露濕衣，猶叩頭不置。」

一八九七年，貧居的李審言接無家可歸的四叔李養齋到家贍養，四叔又提出要求，對趙雲珠說，自己的兒子尚未娶妻，請為之娶妻，趙雲珠含淚答應了下來。

一八九七年歲末，生計困頓的李審言欠下了官賦，官吏追債上門，無以為計，妻子只好變賣了銅燈、銅爐、面盆、錫壺燈舞，才打發了。

李審言篝燈夜讀，夫人輒「握針管為兒輩補紉衣履，偎坐其側」（《自序》），伴夫讀書，使李審言學有所成，承揚州學派之學，終成大器。

趙夫人不幸於光緒三十四年（一九〇八）四月病故，李審言「喪此良耦，居常悒悒」，經常想到趙「孺人之明慧」，深責自己癡迷於讀書著述，「以余生於世，視孺人為有愧也」，故將其記述清末民初歷史掌故、遺聞軼事的文史資料筆記，命名為「《愧生叢錄》」。錢鍾書說，他對於這書和審言先生，猶如「遊夏之於孔子、《論語》，莫贊一辭。』

向學

李審言少年時代聰穎好學，向人借書手抄閱讀，熟背了《左傳》和《昭明文選》。為生計所迫，十七歲的李審言到鹽城崗門鎮表弟許葆生家做塾師，一面授徒糊口，一面刻苦自學。許家藏書較多，李審言教書之餘，日夜攻讀。盡讀汲古閣所刻《十七史》、《十三經註疏》、《文選》諸書。日盡十頁，深夜輒繞案朗讀。盛夏，庭中荷花盛開，李審言背誦《文選》中的名篇，繞荷花缸疾走，曾使階石陷落，一時傳為佳話。二十七歲的時候，李審言被學政黃體芳賞識，取為第一名秀才，後又受知於學界泰斗王先謙，歲科兩試名列一等，補為廩貢生員，每月發給廩米，生活稍稍安定了。

一八八八年春節期間，王先謙在泰州書院給二十九歲的李審言寫下了這樣的批語：「生所註兼能搜討古人文字從出之原，與鄙意符合，不專從徵典用事，目光尤為遠大。如能一意探求，俾成巨帙，允為不朽盛業。名世壽世，豈待他求哉。嘗謂艱難困苦中方能造就人才，必境遇好而後為學，則杜老一生不能作詩矣。功名富貴，自有天命，惟當先謀自立之道。生有如此美才，若因饑驅輟學，豈不可惜。尚祈努力為之，以副厚望。」

三十歲，李審言著《選學拾瀋》一書，就《文選》李善註本加以校改補正，並以此書稿就教於已任國子監祭酒的王先謙。王於首頁批道：「所撰各條，並皆佳妙，無可訾議，但恨少耳。」

光緒十七年（一八九一年），道臺謝元福到各縣巡視，出詩文題考查地方秀才，秀才們照例呈上觀風詩，謝元福在觀風詩中發現了才華橫溢的李審言，就邀請他到署中擔任書記。謝元福將自己的藏書交李審言分部類編定目錄，借此良機，李審言博覽群書，學問益進。他著手研究揚州學派中堅汪中（字容甫）的文章，為作箋註。同事周左麾亦博學強識，向不輕易許人，一日談論汪文，李審言說：「容甫《廣陵對》中『忠孝存焉』四字似無所本，實出自《三國志・諸葛瞻傳註》。」周大為嘆服，認為李審言能於人不經意處溯其本源，學問淹博。一次，劉師培的叔父在揚州和李審言談到汪中的《黃鶴樓銘》中的「桃花綠水，秋月春風」，李審言當即指出：「這兩句話出自蕭子顯寫的《南齊書》。」劉的叔父大吃一驚，說：「家兄（劉師培之父）校《南齊書》才知道註文這兩句話的出處，還高興了好幾天，想不到你一問就說出來。」這兩件事雖然小，但可見當時他的學問已博大精深。

李審言服膺段玉裁的說法：「好書者多壽」，「好學者，以書卷自養，往往多壽。」《愧生叢錄》裏，他說到了自己親身體驗這些話的感受：「余多病早衰，往在三十六、七時，幾瀕於危，雖當喘息，猶且持卷自娛，親友多為余慶。賴有至今者，豈無故也？」他把自己的健康生存，歸功於讀書做學問。

他在這個世界上生存了七十三年。一生長貧，他學段玉裁，雖「老、病、貧三者兼之」，卻深浸「不種硯田無樂事，不撐鐵骨莫支貧」的境界，做出了非凡的業績。於纂修地方志外，他的十八種著作，立言不朽：《愧生叢錄》、《〈世說新語〉箋釋稿》、《選學拾瀋》、《〈顏氏家訓〉補註》、《〈文心雕龍〉補註》、《文選萃精說義》、《陶集說略》、《〈楚辭〉選註》、《杜詩釋義》、《王荊文公詩補註》、《庚子山〈哀江南賦〉集註》、《汪容甫文箋稿》、《陶齋藏石記釋文自定本稿》、〈清代學術概論〉舉正》、《學制齋駢文》、《學制齋駢文續集》、《學制齋文集清稿》、《學制齋詩集》、《藥裹慵談》等。以箋註之學為多的這些著作，發明學問，可謂現代箋註精粹。筆記體裁的文學批評論著《愧生叢錄》，洵晚清筆記之瑰寶，掌故之淵藪。其駢文、散文，亦華夏經典文明之明麗散綺也。李審言著作一秉考據學的傳統，推崇任大椿、王念孫，乾嘉學者嘉定錢大昕有《潛研堂集》、儀徵阮元有《研經堂集》，李審言把二人的文集經常放在身邊翻閱，他就把自己的書齋取名為「二研堂」表示自己在學術研究方面以錢、阮二人為師。他以「孤貧鬱起，橫絕當世」的通儒汪中為宗，寫出的是有清一代可為殿軍的文字。錢基博在《現代中國文學史》中推其駢文為當時第一，錢仲聯在《五四以來舊體詩文集敘錄》裏則說他的文章「遠祧中古以上」，與章炳麟、王闓運並垂不朽。

關心民瘼

李審言不僅僅是文學家，其著述所含有的深遠思想意義，也值得研究。

一九一五年夏，安徽、江蘇先旱後蝗，災情嚴重，饑民流離，乞食無門。李審言致書水利局長丁衡甫，為民請命，慷慨陳言，請求他主持賑災。此後又有寫給盛宣懷的《致盛杏蓀先生為鹽城乞賑書》，憂國憂民，為百姓號哭，希望當道「憐而財幸焉」。文曰：「不意（鹵水）別由阜寧射陽河，海潮泛濫，直輸鹽境，縱橫西達，瞬息百里。新苗灌溉，生機立斷，改種旱谷，天氣熏暑，既茁復萎。因之附郭數十里，彌望枯莖，有如大漠，其西南西北兩境，得一溉者，苗為飛蝗所嚙，豆生異蟲，食心即死。合縣農民，叩心氣絕，賣牛鬻子，所在多有。往者牛值五六十金，今以十餘金售之，屠者肆毒，荒村少市，牛肉滿格，血液淋漓，慘不忍睹。」兩疏備陳災情，痛徹人心，是近代中國災荒紀年的重要文獻。情摯深厚，稀有可貴。

在《與韓紫石巡按書》裏，李審言沈痛地說：「禾豆焦枯，鹵水內灌，風塵晝昏，桴鼓四驚。」一代碩儒關心民瘼，記掛蒼生的非凡的胸襟，展露無疑。

李審言《魏默深先生》裏說，魏源在興化為官，運河東七縣屢遭水災，保壩時魏源著草履站立水中，親自手書債券向錢店貸款，募民夫挑土築堰，堰成水退，民受其益。鹽城百姓感魏源之德，為送「保障淮揚」之匾。這匾一直懸於署衙。光緒初年，「某縣令匿災不報，百姓聚數百人，搗毀大堂上匾對無算。有一挑夫指魏匾曰：『此魏大老爺匾，不可毀也！』」

神采飛揚的文字，好惡之情灌註其間，力足萬鈞。

朋友

李審言在艱難困苦中，有一批溫馨的文字之交。王先謙之外，興化、泰州的有學有識之士，都做了他的朋友，其中的顧石孫，後來由密友進化為兒女親家。李審言動情地寫了《丙戌戊子文字之交》，記述可貴的友誼。

在興化設館授徒的時候，李審言的生活是淒苦的。不過，他和朋友間的學問切磋，卻未因此受到影響。與顧石孫等人一起，他們經常在昭陽的范仲淹祠堂談藝。地方惡棍們不滿意了，就詆毀李審言他們，說他們是結黨營私，這黨，就叫「范黨」。那是光緒年間，這一罪名說大，就大到的可以掉腦袋。好學的大眾奉李審言為導師，學子們放學後，大家在祠堂空地上，推李審言端坐正中，大家如僧徒梵唄歌唱般，接連問難，增進學問。這些人還有組織成群結隊地覓遊當地先賢古跡，在山河大地間充實自己。李審言後來談到這些的時候，不無調侃地說，范黨二字，本出《漢書范滂傳》，乃美詞也。他後來甚至寫了一篇專門的文字，題為《范黨緣起》，殷殷囑咐兒子：「勉思為文，學黨魁之子不墮門業，雖非黨人之子何妨？」

謝元福因事罷官後，李審言回鄉，家貧不能舉火，又患肺病，是貧病交加了。鹽城客商句容籍王貞春仰慕他的才學，邀李審言到他家做塾師，並以養病。期間，李審言與鹽城飽學之士戲玉樹等又結為好友。

在李審言僑寄鹽城病重的時候，「朝不保夕，老母弱妻，閔默相視，控告無所。」友人蕭遜夫和家人常常送來錢物接濟。李審言的病岌岌可危，有人甚至嘲笑蕭遜夫，說他在白花錢，做傻事。李審言自己也過意不去，蕭遜夫就說，您可不是一直貧賤的人啊，會好起來。

李審言說，「四十以還，始交海內賢士。」一八九九年，是他人生之旅的轉折點。這一年李審言四十一歲，淮揚道蒯光典奉命到鹽城清丈鹽戶燒鹽占用的土地，就是竈地。公務之餘，蒯光典訪求當地文士談論掌故軼事，李審言與陳玉樹往見。蒯光典是進了清史稿循吏傳的人物，幼承家學，淵源深厚。從目錄學、乾嘉學派學術淵源、唐宋詩文派別，到近二百年學術動態與社會風尚，李審言無不應對如流。論及揚州學派淵源時，蒯光典認為來自安徽包世臣。李審言則列舉事實，說明揚州學派自成體系：當盧雅雨（字見曾）任兩淮鹽運使時，惠棟館其家，戴震也時時往來其間。揚州學派的任大椿、王念孫皆戴震弟子，皖吳兩派皆對揚州學派有影響，但揚州學派的成就遠非皖吳所能限，包世臣更不足以語此。一席話，使蒯大為折服，當即面約李審言：「明年省試如不遂願，請來我家，為我註《文心雕龍》。」

南京十年

光緒二十七年（1901），李審言赴南京參加省試，未考取舉人，即如約到蒯家做塾師，教蒯的兩個兒子，開始了為期十年的南京生活時期。這是李審言人生和學術生涯的最佳時段。在蒯光典和繆荃孫的獎掖、扶持下，廣交名流碩學，聲名鵲起。沈曾植每逢見面，便要向碩儒們隆重介紹說：「這是江淮一帶的選學大師李先生。」他還說，這是我們讀書人的秘書，「大叩大鳴，小叩小鳴」。李審言這個時期的著作，也多在名重當時的《國粹學報》上刊發，引動學術界。在蒯家，李審言和同在這裏給蒯光典兒子教授西學的蔡元培相識，蔡驚李之學術，以為是不可多得的國學大師。其後蔡元培主北京大學校政，擬聘李審言做教授，有人說李審言已經不在人世，遂聘張爾田為繼。後來就有了蔡先生發出聘書，聘李審言、魯迅、胡適等十二人為特約著述員一段佳話。

光緒三十二年（一九〇九），蒯光典奉命出國任歐洲留學生監督，端方任兩江總督，創辦「江楚編譯官書局」，繆荃孫任總纂，聘李審言為幫總督纂，直至一九〇九年。名為書局，實際上無書可纂。端方風雅成性，收藏的書畫金石碑版如群玉之府，繆荃孫給他鑒定字畫，李審言與況周頤則分撰《陶齋藏石記》釋文。由於蒯光典向端方推薦李審言，說了況周頤的不好，加上況周頤為人尖刻，就專揀拓本無首尾或漫漶不辨字跡的給李審言作釋文題記，借以為難。但李審言對金石學、史籍、小學精研有素，雖花費不少精力，但並沒有被難住。然而，李審言的身體和研究精力，卻因此而受到重大損害。晚年，他從《陶齋藏石記》中選了一百六十篇，自撰釋文集為一卷，並記始末於其上。他萬分痛心地說：「余亦目耗精銷於此書矣。」

宣統元年（一九〇九年），張人駿繼端方為兩江總督，改「江楚編譯官書局」為「江蘇通志局」，聘李審言為分纂，到一九一〇年才離開南京。在南京的這十年，是李審言學術上進一步成熟及從事創作的旺盛時期。與他交往的有長洲朱孔彰、南寧徐積餘、義寧陳三立、貴池劉遜父、江寧陳作寧、江都梁公約等學者名流。光緒三十一年，鄧實在上海創辦《國粹學報》月刊，以「保種、愛國、存學」為宗旨，刊載經學、史學、諸子學、文字訓詁學等論著，並附有明末遺民著作及圖片，闡發學術傳統，宣傳反清思想。李審言、章太炎（當時筆名為章繹），劉師培（當時筆名為劉光漢）、陳去病等都是撰稿人。李審言的學術著作《文心雕龍補註》、《窳記》（即後來的《愧生叢錄》）、《顏氏家訓補註》以及文學批評論著《論桐城派》等，都在學報發表。《論桐城派》在民國成立後很久仍為一些報刊轉載，經常被評論文章所引用。桐城派起自方苞、姚鼐、劉大魁等，後經曾國藩、梅曾亮的宣揚附和，晚清吳淪綸、薛福成又互相標榜，蔚成風氣。道光以後桐城派散文已成為當時古文的主流。李審言的《論桐城派》著重分析了桐城派的產生、發展及桐城派文章末流的弊害：徒具形式，內容空疏；只講起承轉合及文言虛字的運用，搖曳作態，實質是八股文的變種。他在《致錢基博書》裏說，林紓（字琴南）推崇桐城派，「將桐城派置之九天之上」，目的「不過為覓食計耳。」他對自己也有一個客觀的認識，自認為是受浙東學派的影響，為子部雜家之文，主要特點是言之有物，在當時能自成一格。由於他在訓詁、文學批評及散文、駢文創作等方面的成就，使他逐步為人們所了解，並得到學術界、文學界的推崇。

一九〇九年，馮煦任安徽巡撫，沈曾植任布政使，仿蘇州成例，創辦「存古學堂」，從各縣選拔百餘人入學，以經史詞章為教學內容。一九一〇年，李審言受聘講授史學、文選學，學生非常歡迎。一九一一年暑假回籍時，主管全省教育的提學使吳棣軒恐李審言下學期不再來皖，強留下三箱書為質。武昌起義後，這些書毀於兵火，李審言在上海報刊上登了一封公開信，要求安徽都督賠償，安徽方面覆信致歉，並寄二〇〇〇元為謝。當時的李審言，十分受人尊重。

上海十年

一九一三年，原「江楚編譯官書局」總辦、貴池劉世珩邀李審言去上海他家坐館，邊教書邊幫他校刻書籍。同時「江蘇通志局」也恢復，原安徽巡撫馮煦任總纂，聘李審言為協纂（副主編）。李審言從此定居上海近十年。這十年以校刻書籍為主，間有個人著述，並修訂《江蘇通志》及一些縣志。

在上海，李審言與葉昌熾、陳三立、羅振玉、王國維等碩儒通家相與交往，聲名遠播。這段時間，李審言交下了一位最親密，也信賴的朋友，就是傑出的古泉收藏家宣古愚，這個人曾以藏品漢梁王金印從袁世凱公子袁寒雲手裏換取了一枚「皇慶通寶」銀幣，一時傳為佳話。宣家境豐裕，對李審言及其家人多有惠助。刻書極多的醫生丁福保，也是李審言密切的朋友。

在上海，李審言曾經和康有為晤談數次，覺得老康「猖狂妄行，變而加厲」，就「虛與委蛇，戛然而止」。

在校刊古籍方面，李審言以校刻《章氏遺書》對學術界貢獻最大。章學誠的全部著作，之前多數沒有刻印過，經李審言與孫德謙校訂，遂成完本出版，成為研究浙東史學和章學誠方志學理論最可寶貴的資料。

明末清初史學家興化人李清的《三垣筆記》，專記晚明史實事，清代只有抄本流傳。李審言發現後在一九一二年由《國粹學報》鉛字排印為《國學匯刊》本，一九二三年又商諸吳興劉承幹重刻，收入《嘉業堂叢書》中，使之廣為流傳。

李審言不僅對前人著述進行校訂，對同時代人的著作也有獨特貢獻。山陰徐嘉所著《顧亭林詩箋註》請李審言作序，李對其中的缺漏和錯誤作了校訂、補正；繆荃孫刊刻《藝風堂文集》，李審言在稿本上粘貼寫有具體意見的簽貼，繆回信說：「照改，絕不護短。」梁啟超《清代學術概論》印行後，李審言寫出《〈清代學術概論〉舉正》，在上海《神州日報》連載，「援據精確，心得最多」。陳三立、吳昌碩邀約快談，蔡元培也特屬許壽裳代為索閱。

為修《江蘇通志》，李審言寫出《〈江蘇通志‧藝文誌〉商例》。過去正史藝文誌均著錄一代著作書目，後來省縣藝文誌每將當地著名作者詩文收入藝文誌中，這一情況早為章學誠所批評，認為地方不是文選，應另立一書。李審言贊同並提出自己的意見，馮煦對此甚為贊賞。後來松江、南通、太倉三縣均能依據他的要求撰稿。李審言自己還先後擔任了江都、甘泉、儀徵三縣人物、儒林、文苑各傳及藝文誌、輿地沿革表等的審閱、定稿工作。一九二一年，李審言又主持纂修了《阜寧縣志》、《鹽城縣志》。《江蘇通志》的初稿也大半完成，國民政府成立後，在鎮江設「通志編纂處」，由於尹炎武主持整理，抗戰時攜往重慶，下落不明。

在滬期間，李審言本人的部分著作也得到刊行。《〈文心雕龍〉補註》為潮陽鄭氏收刻於「龍溪精舍叢書」，江寧蔣國榜將李審言五十六歲前所撰駢文用活字本印為兩卷，題名《學制齋駢文》，馮煦、繆荃孫、沈曾植都為之作序。李審言這一時期的散文散見於南北各大報刊中，未能彙集。諸暨蔣瑞藻編輯《新古文辭類纂》六十卷，由中華書局印行，其中選入李審言散文二十三篇。

晚年

一九二三年，東南大學聘李審言為國文教授，講《文選》及陶、杜、韓詩。上課時，不僅學生紛紛趕來聽課，而且系中同事也列席旁聽，教室裏擁擠異常，後因戰火頻繁，李審言教授未滿兩年，就辭職回歸故裏，鄉居著述。

一九二五年，李審言去上海與友人秦更年、陳乃乾及門人尹炎武搜集汪中父子全部著作，彙集為「江都汪氏父子叢書」，由中國書店影印問世。這是汪氏父子著作最完全的版本。李審言在卷首寫了一篇長序，論述古今文章流變與汪氏文章師承淵源，這是他對古典文學的系統批評，也是研究明清以來文學流變的一篇重要論述。他又選了六篇汪中文章為之箋註，寫成《汪容甫文箋稿》一卷。

蔡元培任長中央研究院後，聘請李審言、陳垣、魯迅、胡適等十二人為特約著述員，許壽裳代表他到南京整理生平著作，交付出版。一九二八年，興化方面請李審言主持編纂興化縣志，他曾委託劉仲書到劉莊、白駒採訪人物古跡，發現有關施耐庵的史料和傳說。劉彙報後，李審言認為「施耐庵以著《水滸傳》獲罪，也以著《水滸傳》得名，其生平事跡不獨前志所不能載，即其子孫亦諱言其事。今民國成立，無所顧忌，可以補遺。」於是將施耐庵生平載入《興化縣續志》，為後人研究施耐庵留下了寶貴資料。

一九二九年，李審言曾去南京，不久即回興化，充實藏書，完成圖書館搬遷移動，方便鄉人借閱。李審言對故鄉興化文獻的發掘、整理不遺餘力。他非常佩服故鄉的明代文學家宗臣、清代學者任大椿，搜集任大椿遺稿，倡議修好宗臣、任大椿的墓。《板橋詩鈔》和劉熙載的著作板刻尚在，李審言曾集資印刷多部，分贈友人，流布海內。

一九三一年五月，李審言病卒於興化故居，享年七十三歲。

李審言一生勤奮，著述不輟，但身處亂世，著作一直未能全集出版。十年浩劫前，李審言之子李稚甫將其十七種著作手稿交北京圖書館收藏，得以幸存。一九八九年，由李稚甫編校、胡喬木題簽的《李審言文集》（上、下冊）由江蘇古籍出版社出版，字數八十九萬，殆非全編。

李審言一生以文化復興為己任，為故鄉、為文明作出了不可磨滅的貢獻。文革動亂中，李審言墓被掘毀，思之浩嘆。

二〇一〇年七月二十七日傍晚寫畢

一代大家高伯雨

臺北出版家蔡登山先生的來信，讓我再一次把目光投向高伯雨。蔡先生的民國人物研究，早有公論，大作《民國的身影》，已是民國研究不能繞過的書冊。

三月初，蔡先生來信說：「我九月去香港開張愛玲的研討會，特別跟小思老師寫了信，要她聯繫高家子女，希望能授權他遺著的出版，他尚未出版的文章有數百篇之巨，若要編成書，恐有幾十本。希望這事能成，也可保留一些珍貴的史料。我看到資料說高伯雨的女兒之一是高守真，那不是陳寅恪的學生嗎？不知果是如此（否），還沒（有）求證。」這真是功德無量的善事義舉。

我在覆信中作了這樣的敘述：姜德明先生說高伯雨「在香港和新加坡的報紙副刊寫了幾個專欄，前後足有上千萬字。主攻的方向一直沒有離開我國近代史事和人物掌故。」高守真確實是高伯雨的大女兒，曾是中山大學歷史系學生，選修陳先生「元白詩證史」課，或曾助其完成《元白詩箋證稿》著述。對此，《陳寅恪最後的二十年》中有一些記述。一九五八年初夏，高守真畢業。臨別，陳先生贈予高守真刊有他多篇論文的《嶺南學報》及再版的論著《元白詩箋證稿》，並囑咐：不要放棄學習，堅持下去必有所成。除了要繼續鑽研隋唐史，還可讀些明清的歷史專著。高守真帶著陳先生的禮物及教誨，赴廣西一所中學執教。我手頭只有遼寧教育版的《聽雨樓隨筆》，極喜歡。倘能出版高伯雨全集，嘉惠藝林，就太好了。

我們還談到了高伯雨的日記，話題是由我說到的李審言八十冊日記在文革中被毀引起的，蔡先生說：「說到日記，我去年和香港學者談到掌故大家高伯雨的日記，相信也有幾十冊，死後卻被他的夫人燒毀了，聽之為之扼腕。高先生的日記他曾在文章中引用，寫得極為詳盡，有時一天有近千字的記載，而且所交往盡是名人，或許後人因怕災梨禍棗，而付之丙丁了。」

我的看法略有小異，就在回信中說：「先生說高伯雨日記幾十冊也被他夫人燒毀，確實讓人痛心。不過，高伯雨去世已是九十年代，日記實在是不應該被毀掉，我覺得燒毀也可能僅僅是說辭而已。高為人溫和，他和左右派的文人都有很好的關系，託詞日記被毀，或許是由於很多文人都曾在其中有不諱的記錄，如鄧爾雅為日本人書寫『香港占領地總督部』匾額，只要給錢，無論是誰都給寫字的批評等，高家怕引來不必要的麻煩，就說燒了也未可知。那實在不是要燒掉日記的年代。高伯雨時運不好，著作幾乎不能出版，一九九一年，自費出版的新版《聽雨樓隨筆》，也還是香港作家小思幫助的結果。現在高夫人已經老邁，子女又都在異國，這些日記不知還有無可能現身，思之浩嘆。」

高伯雨（一九〇六～一九九二），原名秉蔭，又名貞白，筆名林熙。出生於廣東澄海著名商家元發行，高家是富甲一方的華僑人家，也是當地望族。他的祖父高滿華在清代南渡暹羅（泰國）經商辦企業，在新、馬、泰和廣州、汕頭都有商鋪分號，他的父親高學能是清末舉人，高伯雨是父親的第六個兒子，在廣州、香港和潮州長大。高氏家族第三代傳人高繩芝在汕頭大興實業，造福桑梓，今日汕頭中山公園還有一個「繩芝亭」紀念他。高伯雨是高繩芝的六弟，其生活條件和所受教育的優越不待言說。由於家裏的高朋滿座和名流雲集，高伯雨日常所受薰陶自然非同尋常。高伯雨曾在日本有過短時間的學習，一九二六年赴英國留學，主修英國文學，並遊歷歐洲，一九三六年，高伯雨回汕頭後前往北京，跟溥儒習畫，隨楊千里學篆刻，也短期任職南京外交部和上海中國銀行。借助故家餘蔭，高伯雨不以謀生為意。他說，自己在戰前中國銀行資料室工作時，每天看幾十種報紙，大多與經濟無關，只是關註名人的行藏。高伯雨生性倜儻，愛結交人物，周旋於名流學者之間，和當時的文化、學術、書畫界名家過從甚密。一九三七年抗戰開始後，高伯雨避難香港，生計困頓，進入了賣文為生的生活階段。此後往返廣州、上海等地，再也沒回過家鄉。鼎革後他多次回內地觀光，和周作人、鄭逸梅等人有交往。一九五六年，高伯雨讓中山大學讀書的女兒高守真將一冊《聽雨樓雜筆》帶給她的老師陳寅恪，陳寅恪十分高興，對高伯雨的文筆十分贊賞。

在近現代中國，留下了掌故和隨筆文字的作家不少，但可以標舉者卻不是很多。著名的如徐珂、黃秋岳、鄭逸梅、劉成禺、汪東、徐一士、瞿兌之、高拜石和後來的高陽等人，與「三千年未有之大變局」相比，是太少了。高伯雨和他們都是不錯的朋友。並且在這個行列裏，高伯雨無疑是最好的之一。

嶺南多雨，生於斯長於斯的高伯雨，以伯雨為號，在報紙上開設的專欄和以後結集的文字也多以聽雨樓為名。高伯雨結集的書只有八冊，還都比較薄，一九六一年香港上海書局出版《聽雨樓隨筆》初集，只收了二十多篇文章，一九六四年香港南苑書屋出版《聽雨樓叢談》。此後，他曾三次編文集，都無結果，姜德明後來著文紀念，題目也就是《聽雨五集》。直到一九九一年，在小思的相助中，才自費出版了新版《聽雨樓隨筆》。一九九八年，俞曉群兄主持編政的遼寧教育出版社出版了大陸版《聽雨樓隨筆》。該集收錄了高伯雨在香港出版的幾部隨筆集中的大部分文章，但也不足三十五萬字。那已是高伯雨去世後六年，生未及見，不能不說是一大憾事。

然而高伯雨的文章確實寫得好。由於他特殊的經歷，他寫的許多事，都是自己親耳聽聞，或親身感受的，這就比別人來的真實親切，加上他獨特的文筆思路，那人那事往往就意興飛揚，靈動異常。許多人的掌故文字道聽途說的多，高伯雨的不是，他的文字多可以當做史料使用。腹笥充盈的高伯雨，無一字無來歷，無一事不明白，古今中外，各色人等，各類事務，盡收筆底，成其波瀾。亦莊亦諧的筆觸，無所不寫，也無所不美。過人的才情和過人的見識，構成了高伯雨文字氣度嫻雅的底色，信而有徵，讀來有味。和高陽比，高伯雨長在文筆的簡潔流暢。和徐一士比，高伯雨行文的活潑和儒雅更擅勝場。和鄭逸梅比，則高伯雨的文字更有深度更有廣度也更好看，盡管高伯雨曾嘆服鄭逸梅的掌故補白。能和高伯雨文字之美相比的，或許只有汪東的《寄庵隨筆》，但那書卻卻只有戔戔一小冊，五個印張，和上千萬字的高氏著述相比，少得不能再少了。瞿兌之說高伯雨的書「必定是讀者所熱烈歡迎的」，「讀之唯恐其易盡，恨不得一部接一部迅速問世，才能滿足我們的貪欲。」

能寫出這麼好的文字，高伯雨五十多年的筆耕生涯，可以說很是圓滿了。有一千萬字，數量是驚人的，質量是上乘的。他和瞿兌之只見過一面，但卻牢牢記住了瞿先生通過友人轉來的忠告：文章千古事，得失寸心知。他不斷地告誡自己，好好為文，好好為人。董橋說對得住自己寫下的每一篇文字，就存留的文字看，高伯雨做得更好。在今天舊書拍賣中，高伯雨當年印出的薄薄一冊《春風廬聯話》，要有五〇〇〇元以上，才可以問津，一冊香港版的《聽雨樓隨筆》，也要二五〇〇元才行，他所署名的翻譯文字《紫禁城的黃昏》，售價則是一五〇〇元。天文數字般的書價，從另一個角度反映了高伯雨的價值。

經歷過風雨變遷的高伯雨，不官不商，恪守清操。他不左也不右，堅持住了為人為文的底線。他是個厚道人，左右陣營的許多文人都是他的朋友。五十年代，他曾給困頓中的周作人去信，提醒他不要在極右的《新生晚報》上登載文字。他和瞿兌之的友誼一直保持到了各自生命的盡頭，那是春醪瓊漿般的情誼。瞿兌之給《聽雨樓隨筆》所作的序言裏說：「讀者把卷之餘，無不遊目騁懷，心曠神怡」，良有以也。

高伯雨的文字可補史家之不足。他澄清的事，是史料所闕者，他所發微揭覆者，往往耐人尋味。如他說俞曲園拼命著述的事，就如剝繭抽絲般細致，既有書卷氣，又不乏輕靈活泛，讀來既有感觸，也有會心。原來道光三十年（一八五〇），三十歲的俞樾進京殿試，曾國藩主考複試，題「淡煙疏雨落花天」。俞樾依題做詩，寫出「花落春仍在」的名句被曾國藩激賞，以為用意積極可貴，遂擢為第一。咸豐五年（一八六一），時任河南學政的俞樾，因被誣所出試題割裂經文，受到「永不敘用」的嚴厲處分。官場受挫，俞曲園遂發奮著書，自稱「著書足以自娛」。對官場的險惡，俞曲園的解說很有意思，他的《右臺仙館筆記》多述神怪之事，他是委過於狐仙，解嘲於自己的。不意十三年後浙江學政徐樹銘又因舉薦俞樾，遭受連累，被降職使用。又十六年後，俞曲園之孫俞陛雲（俞平伯之父）應試，恰值徐樹銘以左都御史充殿試讀卷大臣，就點俞陛雲作探花，一消三十年前冤氣，一報老友，大快其心。高伯雨謂，俞曲園的「拼命著書」，當然是為蹭蹬終身雪恥的結果。其實俞樾和李鴻章，是曾國藩最得意的兩個門生，曾國藩有評價，說俞是拼命著書，李是拼命做官。這兩個都是不得了的人物：一個位極人臣，一個學究天人。兩人都做到了大名垂宇宙。六十歲的時候，曲園老人概括自己的人生歷程，寫出著名的聯語：「生無補乎時，死無關乎數，辛辛苦苦，二百五十餘卷，流播四方，是亦足矣；仰不愧於天，俯不怍於人，浩浩蕩蕩，數半

近代中國第一旅行家蔣叔南

溫州盧禮陽先生寄來他校註的《雁蕩山志》，我大喜過望，手不釋卷之餘，得隴望蜀，復致電先生，再索他校註的《蔣叔南集》，得蒙應允，歡喜踴躍。不是我不知好歹，實在是我也有病，這病呢，算不得大礙，是人都有，李太白說到極處了的：「五嶽尋仙不辭遠，一生好入名山遊。」雁蕩山之名早就知道，因為沈括的文字收在中學語文本裏面。不過，那裏我恰恰沒有去過，現在有了好書作臥遊之資，哪能放下。要知道，對作者蔣叔南，大家有這樣多的說叨：「中國近代第一旅行家」、「元老旅行家」（《旅行雜誌》），「雁蕩山主人」（《申報》），「雁蕩山中興主」（黃炎培），「靈巖寺的護法者」（郁達夫）。

還不是我給自己強找理由，喜歡蔣叔南書的人，真多，可舉出來的，就有老總統蔣中正。那是據一九二七年八月二十七日吳虞《宜隱堂丁卯日記》裏說的，當時有報紙報道，戎馬倥傯中的蔣中正，隨身所帶的書，僅有數種，是《曾文正全集》、《興登堡成敗鑒》一冊和《蔣叔南遊記》二冊，有空隨時瀏覽。愛山愛書的人，以山水遊記作枕邊書，一定大是受用。背景是，一九二六年十二月，北伐戰爭節節勝利之際，總司令蔣介石第一次上廬山。踏遍名山名刹，總司令萌發出「異日退老林泉，此其地歟」之嘆，以他一生曾十八次次上廬山的踐履來驗證，殆非虛語。一九二七年八月，蔣中正在汪精衛為首的武漢政府中的原左派勢力和馮玉祥、何應欽的壓力下辭職下野，十二月一日與宋美齡結婚，此後重返政壇。烽火硝煙中的英雄，從山水美人處充電，再閃亮登場，或許是公理也是定數。

這一時期的蔣叔南有詩述其心曲：

飄飄風雨千年夢，破碎山河一局棋。
如此河山此風雨，諸君能立幾多時？

說來蔣叔南，也還是蔣中正昔日的同窗和戰友。浙江武備學堂畢業後在保定陸軍速成學堂讀書時，蔣叔南與蔣介石、張群等同窗。辛亥革命中，蔣叔南參與上海光復之役，任滬軍二師第八十九團團副，團長就是蔣中正。嗣後擔任浙江第五區禁煙監督、北京大總統府軍事處諮議官等職。袁世凱稱帝後，他毅然離京南下，投身護國運動。一九一四年，蔣叔南被控在袁世凱總統府任職時參與刺殺孫中山密謀而遭被捕，在杭州入獄十天。此事查無實據，但四十四歲的他從此對政治更加灰心，一九一七年，蔣叔南自滬返鄉，一心在雁蕩經營他的名山事業，他為自家大門擬的對聯，下聯就是：「天生我才，只看南山。」一九二一年，《蔣叔南遊記》在上海出版，梁啟超為之作序，譽為「徐霞客第二」。想蔣公行囊中所附者，即此版本也。

黃炎培氏有詩頌蔣叔南：「子嗜名山若生命，名山倚子作長城。」要我說，雁蕩主人之長城，雁蕩山之知己，今日是盧禮陽。

盧禮陽，一九六三年生，金華人，一九八四年到溫州，先後在《溫州日報》、《溫州市志》工作，現在是《溫州讀書報》主編，《溫州文獻叢書》的專職委員。禮陽著述等身，有《溫州山水詩歌選》、《黃群集》校註、《雁蕩山志》校註、《蔣叔南集》校註、《劉景晨集》編註（與李康化合作）、民國人物傳記《馬敘倫》等著作行世。為雁蕩文化的整理弘揚和《雁蕩山誌》的出版，禮陽與蔣叔南哲嗣蔣德閑前後通信十七年，並於二〇〇五年二月二日在政協溫州市八屆三次會議上提出四一五號提案，費心費力，進而落實，最終在二〇一〇年六月由線裝書局印刷出版了《雁蕩山誌》。蔣叔南開發、經營宣傳雁蕩山近二十年，七十年後盧禮陽為宣傳雁蕩山和蔣叔南書稿努力也近二十年，成果豐碩，美輪美奐，堪稱名山無恙，後未負前。

蔣叔南一生著作計有《雁蕩名勝》攝影集（一九一六年上海商務印書館出版）、《中國名勝：雁蕩山》（一九一七年商務印書館出版）、《雁蕩新便覽》（一九二七年上海中華書局出版）、《雁蕩山一覽》（一九三六年出版）與《東甌雁蕩名勝便覽》（一九三七年出版）、《雁蕩山志》、《蔣叔南遊記》等。

黃山書社二〇〇九年二月出版的禮陽校註的《蔣叔南集》分五卷，除上述著作外，另輯有集外遊記，如散佚在《旅行雜誌》上的《雁蕩山人旅行日記》等，及其雜著如序跋、函電、聯語等。正文之外，附有盧禮陽用力頗勤的「蔣叔南年譜」及蔣叔南研究資料，殊為珍貴。共八百餘頁，堪為重新認識這位「中國近代第一旅行家」較全面的文集。其中還有現代文史資料中值得註意的許多信息，很值得寶愛之。

一九三四年，蔣叔南卒於家，葬於雁蕩靈巖展旗峰南麓。好友馮玉祥有聯相輓：「半世功名隨流水，一生事業在名山。」劉放園《天窗洞》詩亦有贊頌：「縋登古有徐霞客，散策今偕蔣叔南。」劉紹寬輓聯云：「屈經世志，為名山遊，攬勝每成書，蹤跡差同徐霞客；居東海濱，友天下士，迎賓方置驛，賢豪遽失鄭當時。」詩人黃式蘇有慨嘆：「雁蕩經營，知賢昆季遠識，嘆此後扶笻訪瀑，百二峰依然無恙，除卻入山仲氏，問誰是東道主人？」

蔣叔南的著作在一九四九年到二〇〇九年的六十年間未能再行出版，主要原因是一九三〇年的隘門嶺事件。盧禮陽《蔣叔南生平的幾個問題》對此有深入的探討。以下據以述略：

《浙東軍事蕪史》稱：蔣叔南「製造樂清隘門嶺事件，指揮民團殺欲攻海門中途返回的紅十三軍第一團徐定奎中隊和黃巖農民武裝夏雲虎部數百人，埋屍千人坑。」

民國廿三年十月一日《旅行雜誌》第八卷第十號《北雁山人蔣叔南軼事》裏說，蔣叔南民國二十三年初夏於上海梁園酒家接受前國會眾議員平陽殷汝驪宴請，席間自述殘殺枏溪「匪眾」的人數：「二百八十餘人。」出席作陪者謝俠遜（號南雁山人，曾與蔣共事於時事新報館）記其談話：「上年永屬枏溪匪眾二百八十餘人，攻劫大荊，悉被擒獲，無一生還，北雁迄無匪患，此二快也。匪首徐定奎，臨死不懼，具見別有肺肝，剖以示眾，果見其硬如鐵，遠異群匪，切取其半，煮以佐酒，香氣襲人，味最適口。刻下家中尚懸有匪肝一半，留作紀念，此又一快事。」

黃炎培在《雁蕩第一天》裏作了這樣的記載：「閒話少說，閒事少管，快快上雁蕩去。就為是鵬霄沿途說到民國十九年大荊剿匪的經過。那時候，雁蕩一帶地方，早給樂清來的匪認作征服地，一步一步進攻到大荊來，料不到大荊地方暗地裏早有充分的準備。大荊全鎮最高所在，叫培風閣，商會設在中間，有一警鐘，失火時，怎樣敲法，匪來時，怎樣敲法，都有規定的。布防完了，匪毫不知道，還是大模大樣的前進，警鐘一敲，伏兵齊發，來一個，捉一個，殺一個，共殺了四百七十一個。從此全山安靖到現在。這是誰定的計劃呢？就是鵬霄的伯父叔南。」

一九八四年以來永嘉縣相關部門統計，證實遇難者有二百五十三人。這應該是一個準確的數字。有論者說，當日事難，鼎革後大統既定，入忠烈傳，入貳臣傳，入佞幸傳，俱常態也。蔣叔南蹈曾文正舊轍，為「保護桑梓」所繫所累，滿紙煙雲，亦「滿村爭說蔡中郎」一端也。

筆者以為，雖說是為保境安民，但殺人如麻，總不是好事。詩曰：

保境搏虎可稱雄，經營雁蕩第一功。
名山無量勝水色，不為長平洗惡塵。

搏虎，說的是《清稗類鈔》裏記述過的一個故事。

蔣叔南搏狗頭虎

溫州雁蕩山產一獸，全身為虎形，頭略小，類狗，人呼之曰狗頭虎。威猛不及真虎，而兇狠過之。喜搏食牛羊，牧者常戒備。狗頭虎見人眾，亦無懼，且往往被其傷害。淨名寺門臨吉星溪，溪有橋曰吉星橋。橋之南有墻，高丈許，直亙對岸之山下，墻以內竹木錯雜。蔣叔南嘗讀書於寺，某年春，一日午飯後，倚欄縱眺，瞥見隔溪竹林中有一獸，狗頭虎也。黃毛蒙茸，止於林中，搏一羊，吮血嚼肉，呼同侶共觀。時有周某欲擊之，謂若能獲得，作下酒物，豈不大快。蔣與同侶各攜堅木棍以出。蔣力較諸人強，遂繞道伏於橋之南端墻側，蓋預知其必向此而行也。周率三人出大門，大聲發喊以嚇之。虎乃棄殘羊向橋而奔，蔣舉棍突起，擊中其耳府。耳府鼻觀，為獸之要害，最易受傷之處也。虎大吼，回身躍墻出，超過四丈餘地。五人亦大喊追之。虎沿溪狂奔，溪中白石纍纍，有粗如杯者，大如碗者，被虎爪打擊，若彈丸之出於炮口，嗚嗚四射。適以老人肩物止路旁，警告蔣曰：君等無火器，欲與之搏乎？五人聞言大懾，勇遂頓減，為之木立。虎漸奔漸緩，向溪東十井阬而去，至阬口，頻頻回顧，其目光炯炯，雖距離較遠，尚極可怖也。

狗頭虎是當地方言，就是狼。這或許是較早的有關蔣叔南的文史資料。

離開民國政壇的蔣叔南，癡心雁蕩之餘，醉心於山水遨遊，足跡遍遍及大江南北，泰山、少室山、武夷山、天臺山、普陀山、黃山、泰山、嵩山、恒山等處。他的遊蹤，多有文字記錄結集，即《蔣叔南遊記》。閱名山勝水既多，他就更愛故鄉的雁蕩山。不只自己愛，也招呼大家來遊，康有為、梁啟超、黃賓虹、出版家張元濟和蔣維喬、藏書家傅增湘等人遊歷雁山，都是蔣叔南邀請的結果。

《蔣叔南遊記》記述了蔣叔南的遊歷經過，頗有學術研究價值。其貢獻是多方面的，用舊話來套，可用得上這一句「明珠一寸，鑒包六合」。我們不妨舉他遊天臺山拜經臺的文字來看：

丁巳十月初八之夜，偕郴州李君子雲自華頂上拜經臺玩月，永慧和尚為導，從者王文初等襆被相隨，碧天如水，風定月明，下瞰滄溟，約略可見，月下久坐，去天咫尺，隔俗萬千，余吹短笛一曲，泠泠然便欲仙去，乃就宿定華和尚茅菴中，誠第一峯頭第一快事也。余久疎吟詠，不耐推敲，然此情此境，亦何可無詩以紀之耶？

天台高萬八千丈，難得晴空面面開。
為欲侵晨觀日出，相攜踏月上山來。
直攀星斗無多路，俯瞰滄溟等一杯。
可笑青蓮猶是俗，夢魂何不到斯臺？

（天台志稱天台山高一萬八千丈，亦未測算，今仍其說。）

拜經臺上居僧六七，皆苦行真修，夜半即禮佛，余聞聲驚起，不復安睡。鐘鳴四下，披衣出門，罡風刺骨，星河耿耿，幾乎舉手可捫，視東方已有魚白，光線從海底浮起，極遠處有燈光，乍明乍暗，想係海中過舟也。返室盥沐，並促子雲等皆起，時已四時四十分，東方白色漸起微黃，橫亙約數百里之長。旋成杏黃而微紅而深赤，下方黑暗如墨，而我輩相視已能辨別眉目。時五時二十分矣。須臾，紅色漸淡，海面波光乃益分明，島嶼瀠迴，以遠鏡窺之甚晰。至四十分，紅光之橫長漸次縮短，而中心濃度逐增，成為團形光線，瞬息之間諸色頓滅，海東盡處一極頑豔深紅之大琥珀球搖盪上升，余即拍手大叫，眾皆驚喜如狂，庵內僧眾亦各聞聲奔出，知已一輪日上，然所見尚僅為上弧一線。待上升至半輪之度，上方忽為鋸齒形，余正注視間，下方忽為橢圓形，斯時海水皆作金光色，日輪已完全上升，變態萬狀，忽而下方現一小尖形如桃子然，忽而左右膨脹如南瓜然，忽而下左右方稍削如缽盂然，忽而邊沿上下左右倏凹倏凸如橡皮球之受氣然，盪心駭目，莫可名狀，其輪徑以臆度之，約在三四丈以外，收之遠鏡中，紅光觸目，不可逼視，時已六時十五分，山腰以上皆金光籠罩。自是日輪漸小，赤色漸淡，光燄漸漸射目，而下方之人亦知東方之既白矣。余顧子雲曰：日出之景有如是哉？蓋其勝處直不可以言語形容，難為未經目覩者道也。定華曰：「先生眼福，天作之合。」余頗怪之。定華乃詳言其故，云：「拜經臺上，每年之間如此空明天氣，實所罕見。有時山下清明，而自山上望之，仍為空氣或海邊雲霧所蔽，且現在時在小雪，日之升處漸漸移向東南方，為此山東向最空闊之處。非在此時嘗為海山所掩，雖有其天氣而無其出處，亦不能得此奇觀也。」伊居山上近三十年，如此現象實為初見，同行之永慧則居華頂寺已二十年，亦是破題第一，誠以近廟欺神，彼輩初未留意耳。余昔逢天台人，皆云天台拜經臺於每年之十月初一日拂曉，可見日月並出之奇，因舉以詢定華。定華云，傳說如是，未之見也。每逢十月一日，因此來者，亦偶有其人，然獨日亦往往不得見，安見所謂日月並行哉？此游也，誠已目空天下矣。迴想昨宵月下不過清曠絕俗，與曉景固不可同日語也。

如上所引，蔣叔南的遊記確實再現了山水景色的自然美。他善於進行細膩的工筆描繪，在他的眼裏和筆下，自然景物充滿著勃勃生機，他不是不客觀地去模山範水，而是寫自己主觀感受中的景物。在他那裏，山水是全景式的，客觀之景與主觀之景完全融合為一。他還長於用山水景物的特點來表現自己的性格和思想狀況，賦予山水景物以特有的性格，這是蔣叔南對山水遊記文學的一個貢獻。精煉而不雕琢，優美而不華靡。蔣叔南字凝句煉，簡潔明快，長短相兼，韻散相成，為遊記鑄造出強烈的節奏感和音韻美，堪稱遣詞造句的典範。蔣叔南山水遊記既是色彩迷人的風景畫，又是真摯深沈的抒情詩，充滿了詩情畫意。至於其他方面的意義，限於篇幅，茲不贅述。

近世旅行家的書，我也見過不少，比如很有特色的近代傑出慈善旅行家高鶴年居士著作《名山遊訪記》，就是手邊常翻的佳物，但如蔣叔南這般好名山、寫名山，也建設了名山的著述，則頗罕觀。蔣叔南自一九一七年離滬返鄉後便一直致力於雁蕩山的開發研究建設，他的邀請友人名流遊歷雁蕩山，留下名家品題，彌足珍貴，當時即擴大了知名度和美譽度，後世則為雁蕩山留下一筆可觀人文遺產。

雁蕩山無愧東南第一山稱號，而蔣叔南不愧為「此山之知己」。返鄉後，他的全身心精力和積蓄俱付之雁蕩山的開發。足跡踏遍雁蕩群峰，見新景觀，即建新景點，平生資財用於雁蕩的古跡維護，修橋築路，方便旅人，自己花錢，也動員進山的政要名流捐資提倡，二十年間興建、維護雁蕩山名勝如靈巖寺等數十處。可擬者，唯乾嘉間隴上建興隆山之高道劉一明乎？自然，劉一明四十年間建道觀七十餘座，著述涉及百科，為三百年來少見之高人。蔣叔南於奔走山泉林間，攀絕壁，墜深潭，躬探其險之餘，醉心山志編撰。對那些隱於重巒複岫間，昔顯而今閟的奇峰怪石，無不探得究竟，訂謬補疏，搜羅剔抉，使隱伏未彰者，得以呈巧獻奇。雁蕩山志書之纂，標誌了蔣叔南事業的大成。

蔣叔南深諳遊山之趣，其書多智者語。《雁蕩山一覽》云：「遊雁蕩以春秋及初冬為宜，嚴寒酷暑或雨雪風月之夕，山中自有特殊風景，非可一概論也。初夏為梅雨期，多雨霧，較遜他時，然真能遊山者以其多襯托為喜。」，「以一年論遊則以秋冬之交為最宜，以一月論遊則以中旬有月之時為最宜，以一日論遊則以早晚有斜陽曉日之時為最宜。」「遊山不可多結伴侶，遊雁蕩為尤甚，最宜是獨遊，若結伴二三人足矣，至多不可過三四人。蓋結伴少則心志相合，可以隨處流連」，「山中最忌人多」，「遊山以步行為宜，探奇攬勝端賴足健。」《雁蕩山志・卷一》語：「畫家山水須得皴、透、瘦三字訣，雁蕩山水深合此旨者也。名畫難得，好山易尋，緊絆芒鞋，何可錯過？」《雁蕩山志・卷五》云：「天下名山僧占多，精藍十八，早布四谷，而年代變更，間有荒廢。若儒若道，亦分片席於勝區；或興或亡，均關百年之氣運。奇秀本自天成，點綴端資人力。」雒誦之餘，齒頰生香。深厚的學養和功力，賦予了典籍不磨的魅力。此亦其書不可不出之據也。

康聖人有為序《雁蕩山志》語云：「蔣君叔南將軍不好武，好為名山遊，足跡遍國內，履山如飛，長嘯作鸞吟，若孫登生於雁蕩，據靈巖以為室，視雁蕩以為家，鑿山修道，種樹築橋以便交通，又縋幽訪古成雁蕩山志，以惠遊者。有蔣叔南乎！雁蕩之勝，當大布露」。他日有雁蕩之遊，盧禮陽校註之書，必左券也。

二〇一〇年八月二十三日傍晚寫

手上寫出了老繭的學問家陳登原

因為愛書，架上關於書的書，已經有不少了。然而對今天借到的這本書，還是鍾愛有加：是餘姚陳登原的《古今典籍聚散考》。這是一位現代中國難得的通家寫出的難得的書。手捧《古今典籍聚散考》，腦子裏出來的是妙賞樓主人高濂的話：「對聖賢面談，千古賞心快目，何樂可勝？」這書難得，我且複印一部。襲用出版家的方法，不再用繩子訂起來，封裝，藏入鐵盒。

陳登原（一九〇〇～一九七五），字伯瀛，浙江慈溪周巷鎮人，曾是國民政府中央研究院的特級研究員，是民國的名教授，在之江大學、中山大學工作過，一九五〇年秋，應時任西北大學校長的侯外廬之請，去西安任西北大學歷史系教授、圖書館館長。陳登原講過中國古代史，中國古代典章制度、土地制度，中國田賦史和中國古代史史料學等課程。在做學問上，他提倡先博後專，認為只有先成為通才，然後才能成為專家。他強調研究歷史要註重資料，寫論著要做到無一字無出處。陳先生不僅是這樣說的，也是這樣做的。陳登原治學，留心於世道民生，經世致用之意明顯，他推重顏習齋就是基於這一點。他的《荀子哲學》、《顏習齋哲學思想述》、《古今典籍聚散考》、《中國文化史》、《中國土地制度》、《中國田制叢考》、《地賦叢鈔》、《金聖嘆傳》、《天一閣藏書考》、《中國田賦史》、《陳登原詩文集》

等，也是其治學思想的實踐。陳登原已出版十八部學術著作，近千萬字。書稿尚在，未出版的，也還有近百萬字，存於後人或檔案圖書館中。由妻子嚴亞梅題簽的《國史舊聞》是其代表作。

在《古今典籍聚散考》完稿兩年後的一九三四年一月十八日，陳登原寫出《顏習齋哲學思想述》自序，略云：

曩讀佛利曼所著《顏習齋》，謂近七百年來，中國之不滿程朱者，比比皆是，而艱苦卓絕，顏習齋獨以其學著。佛氏蓋自徐東海、梁新會二君，以私淑習齋之訓者。余誦其文而深有感焉。余自一九三一年以來，重客南京，始得披覽顏氏諸書。會值家國多故，朝市更易；四海困窮，三邊淪沒。知人論世，益有取於崇實篤行之意。於衰世清談之俗，誠深惡痛絕，而不知其已甚者。良以虛言蠱世，溢辭亂真；種族興旺，事已可痛。至如上也者以新說自文其漏失，下也者以舊學自鳴其雅古。虛驕之氣，導國民而扇之以浮競；愚誣之技，率學子而教之以無用。則雄關半圮，遼瀋新亡；江南《燕子》之曲，海上門戶之爭，有懷往昔，殊不能不太息於明季也。感懼之餘，因成是書，略分部居，區為十篇。撫物感時，語不自禁。故於習齋造學之環境，則述之不厭其詳。於明季士夫之惡習，亦記之不厭其冗。蓋所以著當時之過，為後世之鑒。明源尋流，可資警惕。苟聞之者足以為戒，則言之者可以無罪。吾書亦不至於虛作。故屬比詞文，不自嫌其枝蔓矣。

昔胡天遊自謂功業瑰瑋，難逃速朽；惟能文章，庶幾不死。每聞此言，輒思掩耳。當今之世，功業重乎？文章重乎？吾文固陋，吾書固疏，但有其文者，不必有其行；有其行者，不必有其用。吾將執此而自勉。而世之通我書者，亦當於考核得失之外，另具九方皐之慧眼；深體習齋之學，而思所以自策也。

北風吹雁，雪自紛紛。前途知己，能有幾人？於此書之問世也，書數語以祝之。

餘姚陳登原自序於周巷樟蔭居

顏習齋晚年，曾說過這樣的話：「如天不廢予，將以七字富天下：墾荒、均田、興水利；以六字強天下：人皆兵，官皆將；以九字安天下：舉人材，正大經，興禮樂。」（《顏習齋先生年譜》第六七、六八頁）顏習齋「平生非力不食」，七十歲去世前兩月，洗完澡看著自己的手，還嘆感說：「天何不使我節風沐雨，胼手胝足也」。習齋之學，是實用哲學，行動哲學。其宗旨是「以動濟靜，以實藥空」，在民族多難的時候，陳先生推重顏習齋的行動哲學，有深意焉。文革浩劫期間，紅衛兵對陳登原訓話，憤懣中陳登原伸出右手，指著握管處厚厚的老繭，說他一輩子就是教書、讀書、寫書。一向文攻武衛的紅衛「英雄」，也為之憮然。

陳登原有子女五人，長子陳宜張，中科院院士，從事神經中樞方面的研究，是著名的神經生理學家，著作《分子神經生物學》問世時，曾有詩云：

四十餘個秋與春，天堂地獄兩逡巡。
平生氣味尋生理，白首窮經究腦神。
曾因器儀逐放電，轉向分子覓基因。
《天問》問天天有答？大海拾貝廢苦吟。

陳宜張榮膺「科學技術一代名師」稱號，先人遺風未墜，成就更加突出，此亦先賢之幸。其他幾個兒子陳宜和、陳宜周、陳宜揚和女兒都學有專長，多為教授。陳登原未刊書稿，多在陳宜和處。

然而，陳登原學問，法脈孤零，今日即便是西北大學的人們，對陳登原也不多提，似乎知者甚少。所謂「前途知己，能有幾人」，不意竟為現實，良可嘆也。酷愛藏書的一代宗匠，在關於讀書藏書的書裏竟然語焉不詳。上世紀八、九十年代出版的《中國目錄學家辭典》、《中國讀書大辭典》、《中國歷史藏書論》提到陳登原，竟以「生平事跡不詳」帶過，而《中國人名大辭典》、《中華當代文化名人大辭典》和至今網絡上普遍的介紹則都將陳登原卒年誤作一九七四年。就研究狀況言，域內可稱空白。所幸先生故里吾友童銀舫兄，對先哲敬仰有加，於讀書中旁搜細梳，結撰華章不輟，童兄《歷史學家陳登原》、《陳登原軼事》、《陳登原〈天一閣藏書考〉》三文，是迄今為止最好的關於陳登原的專門文字。

實在說，陳登原對書和藏書的感情在學者中是極為獨特的。別人也愛書，但在著述等身的同時，梳理並為古今藏書聚散進行研究，篳路藍縷，示人以規範的，卻只有陳登原。可舉的是他的堪稱藏書研究的兩部開山著作：《天一閣藏書考》和《古今典籍聚散考》。

陳登原對藏書聚散的情感和貢獻首先體現在《天一閣藏書考》這部著作上。天一閣是愛書人的聖地，天一閣的藏書，是中國藏書史上的一個奇蹟。《天一閣藏書考》被認為是全面研究天一閣藏書史的第一部著作。一九三〇年，時任寧波市立女子中學教習的陳登原一次與友人尋訪天一閣的經歷促成了《天一閣藏書考》的誕生，當時，他正從事《古今典籍聚散考》的寫作。陳登原說：「天一閣有四百餘年之歷史，松柏後凋，巋然猶在；余生也晚，尚得憑吊於荒蕪蔓草之中，豈不幸歟？」對天一閣敬仰和研究的興趣躍然紙上。全書約十一萬字，分九篇，依次為：三百年前浙東藏書之盛；天一閣主人；天一閣收藏之來源；天一閣之組織及管理；天一閣與四庫全書；天一閣書目及其內容；菁華小記；天一閣之散佚；天一閣之善後問題；附錄四篇。陳登原對天一閣及其藏書作了全面的考察和研究。一九三〇年七月完稿，一九三二年九月出版。但這書稿的經歷實在太可感傷，陳登原書後附記云：「茲稿成於二十年春，即付上海商務印書館印刷。工事未竟，滬變忽興，覆瓿之物，亦遭國難。傷哉！嗣後追事補綴，半載始成。哀邦家之艱難，痛典籍之飄零。撫物感時，又豈僅一人一書之厄而已哉。」陳登原的的研究，直接推動了天一閣管理的進步。天一閣研究資料顯示，一九三三年二月，天一閣管理委員會成立，十月，天一閣重修委員會成立，社會正式參與對私家藏書的管理。從此，天一閣及其藏書開始獲得較大改觀。陳登原功莫大焉。

《古今典籍聚散考》是讀書人喜歡一觀的佳製，是第一部史論結合的藏書史專著。《古今典籍聚散考》一九三六年由商務印書館出版，手上的本子是上海書店一九八三年十一月據商務版複印的。陳登原說：「作者撰述，志在得傳。學人所恃以自慰者，正以筆墨有靈，歿世之後，有知余者。然紙墨易渝，棗梨速朽，昔曾敏行撰《獨醒雜誌》，當時人稱多識前言往行，而其書『自淳熙丙午（一一八六）家塾板行以後，迄今（乾隆丁未一七八七）六百餘年，別無雕本』然則學人嘔血欲盡之作，其幸而得傳，傳而幸存者，不將令人迂迴短氣耶？」是書「雖專為記載聚散而著，然於當日典籍之盛，及其所以衰落之故，亦未敢忽。蓋前者所以資鑒戒，後者所以動眷戀，必有鑒戒而後知家國文獻之可貴，有眷戀而後知文獻難徵之可悲，竟若相反，而實相成，故曰聚散也。」書則分政治、兵燹、藏弆、人事四卷，以為那是聚書「四厄」，又稱「藝林四劫」：一、受厄於獨夫之專斷而成其聚散；二、受厄於人事之不臧而成其聚散；三、受厄於兵匪之擾而成其聚散；四、受厄於藏弆者之鮮克有終而成其聚散。陳登原稱：「古人心血，流傳實難。政治兵燹收藏之厄，今日幸存之典籍，胥無不自此逃避而來者也。」

深受典籍滋潤的陳登原筆下文采斐然。由於《古今典籍聚散考》以書的聚散為經，以年事為緯，於聚散之際，可資興懷的藝林故事，也多採錄，所以他的書讀來興味盎然。讀《古今圖書聚散考》，不僅可以助人破得岑寂，還能找到同道如故人許多。比如，宋人多喜歡看書，願望也特別突出，蘇軾《李氏山房藏書記》裏說：「余既衰且病，無所用於世，惟得數年之閒，盡讀未見之書。」羅大經《鶴林玉露》說「趙季仁謂余云：某生平有三願，一願盡識世間好人，二願讀盡世間好書，三願看盡世間好山水。」朱熹曾言，立志讀盡天下書，後來的顏元說那是妄說，其實是當時的社會風氣使然。這樣的筆墨官司，陳登原隨手錄出，平添觀書意趣。

大明掃除蒙元，應是文明鼎盛之期，不想朱元璋文網，一點也不疏寬。連學養深厚的陳登原也怨聲連發：「天下惟專斷之獨夫，為最愚；最愚則多忌諱；忌諱多，因而置禁於流傳之文字矣。」

高濂說：「藏書應為大丈夫平生第一要事。」高濂的書值得看，他的話也可信。人民衛生出版社近年出過一套中醫典籍叢書，數百部著作，養生類只有三部書入選，第一部就是高濂的《遵生八箋》。《古今典籍聚散考》反覆申說典籍之可貴與難得，又多故事與掌故，是愛藏書的「大丈夫」難得的教科書，為愛書家首備。

據《古今典籍聚散考》稱引，宋太祖開寶八年（九七五）曹彬奉命下江南，自云未嘗妄殺一人，但江南典籍，卻被一火焚盡。事情的原委是這樣的，後主李煜「妙於筆札，好求古跡。宮中圖籍萬卷，鍾王墨跡尤多。」城池將破，後主找來心腹吩咐說，這些典籍都是我所寶愛的，如果城被攻破，你就焚燒了吧，不要讓它們散失流落了。後來城池陷落，這些書統統被焚毀了。當時是公元九百五十七年十一月。後主自是癡人。陳登原就此感嘆說，痛哉，後主之言！曰「毋使散佚」而曰「毋為敵有」，其言癡矣。為敵所有，不過換了主人，書卻是存在的，哪像是一火焚毀後蕩然無存啊，惜乎後主之不知此耳。不是後主不知，是知而太愛的緣故。其實何止李煜，乃祖李世民，不是也把《蘭亭序》真跡帶到昭陵裏去，以至後人再也見不到了。想到近人葉德輝的名言了：老婆不借書不借。後主是書被燒了，老婆被人強占了。說傷哉痛哉，都不過分。書愛家阿泉兄亦言，自己看過的書，不大願意讓別人再動。

陳登原講了宋代張文潛《道山清話》裏的一個故事，說有一個讀書人變賣家產，弄了一堆書去京城賣，途中遇到了另一個讀書人，取他擔子上的書觀看，很是喜歡，但沒有錢買，然而自己家裏有一些古銅器，想賣掉。正好賣書的是一個古董迷，一見這些古銅器，喜歡得不得了。就說，你也不要賣了，我的書和你的古董兩相估價，互換算了。於是盡以隨行之書換了十來個古銅器回家。老婆看見了，驚奇於丈夫買賣做得好快，查看行囊，卻見鏗鏘塊壘，問得實情後，就開罵了：你換得他這個，我們吃什麼啊。自覺理虧的丈夫嘟囔道：那麼他換去了我那些書，又如何有吃的呢？陳氏就此敘說道：摒饑寒於不顧，而唯書是愛，幾至視為古董者，北宋人已開其端矣。

陳登原書裏隨處都有值得摘錄的文字。譬如顧千里，人知其校書極為有名，但人不知李兆洛給他寫的墓志銘，而陳先生特為表出：「安得古書，盡經君手；凡立言者，藉君不朽；書有時朽，先生不朽。」

那麼《古今典籍聚散考》，豈可不藏不讀？讀之，則置身瑯嬛洞天，身在天堂矣。

不過，我給中華書局和其他出版社的朋友說過，希望重新排版印行，不果。那麼據商務印書館一九三六年版複印印行過的上海書店還會印嗎？滬上王稼句先生來信中說，這書還有別的版本。我要去找了，倘如願藏盍，快何如哉。

二〇一〇年二月十二日晚十一時草稿。二〇一〇年七月三十日傍晚改定。期間曾電詢童銀舫兄。高溫四十度，和成都龔明德先生通話，得清涼也。

二〇一〇年八月二十六日補記：今日收得慈溪市上林書社童銀舫兄寄來的《上林》雜誌第三期，上載謝安良、李潔瑩文《陳登原先生珍貴手稿天一閣「安家」》，略云：「南國書城」再獲珍藏，書香寧波又添佳話。陳登原先生著述手稿捐贈儀式在天一閣博物館隆重進行。陳登原先生長子中科院院士陳宜張、三子江蘇大學教授陳宜周出席了捐贈儀式。「今年四月，陳登原先生三子陳宜周先生代表陳氏後人主動接洽寧波市政府，表示願意將家族存留的陳登原先生手稿四十二種、一百二十七冊，和先生的其它文章著作十二種、四十五冊，全數捐贈天一閣。市長毛光烈當即批示：『這是熱愛自己的國家愛鄉的慈善的事情，意義重大，精神可嘉。』並馬上指示涉及部分作出安排。陳氏後人此次捐贈，除開《國史舊聞》、《地賦叢鈔》等十分貴重的手稿本，還有二十三種陳登原先生直到現在尚未出版的手稿，如《明史偶拾》、《古今書話》、《甸南讀書志》、《有無編》、《古詩研究》、《西京集存》等，萬分貴重，具備難以估量的學術價值。」此誠書林之盛事也，錄此備考。

關於錢仲聯

二〇〇二年九月二十六日，錢仲聯先生九十五歲壽辰，在國際學術界享有極高聲譽的著名學者饒宗頤先生特地在香港揮毫潑墨稱譽錢仲聯為「昆侖萬象」（一說「渾侖萬象」），《解放日報》也刊出王元化先生所作壽序：「吾民族所承受之文化，為一種人文主義之教育，賢者多以文學創造為旨歸，而傳統文學創造之主流，端在詩歌一脈，虞山夢苕庵錢公仲聯先生，一代詩豪也！」

一年後，世壽九十六歲的錢仲聯先生身歸道山。一九〇八年出生於江蘇蘇州常熟虞山的錢仲聯，原名萼孫，號夢苕，曾任教大夏大學、無錫國學專修學校，南京中央大學，蘇州大學。他是國務院古籍整理出版規劃小組成員，《中國大百科全書・中國文學卷》編委會副主任，《中華大典・文學典》編纂委員會顧問，《全清詞》編纂研究室顧問，《續修四庫全書》學術顧問，《全宋詩》編委會顧問，曾長期擔任蘇州大學中國古典文學專業教授。長於詩文詞賦創作，對明清詩文尤有深湛的研究，著述等身。

錢仲聯祖父錢振倫是晚清著名駢文家，道光十八年進士。舅祖翁同龢是同治、光緒兩朝帝師，曾因力薦康有為梁啟超推行變法而有「中國維新第一導師」稱號。錢仲聯父親錢滮早年曾與從弟錢玄同及魯迅一道留學日本。母親沈氏則是著名詩人沈汝瑾的從妹。錢仲聯自己對學業的認識對我們也別有啟發：「我父親是日本留學生，他教日本的東西倒是可以的，父親並不是教我中國古代的知識，只不過我對中國古代知識的了解是在不斷地抄寫過程中學起來的。」

一九二四年春天，十七歲的錢仲聯以第一名的優異成績考取無錫國學專修學校。一九二六年，錢仲聯畢業於無錫國學專修學校，在《學衡》上發表第一篇論文《近代詩評》，對晚清以來的詩學大勢做了精闢的評述，從此開始了他漫長的學術生涯。一九三六年由上海商務印書館出版的《人境廬詩草箋註》是其學術活動的第一個里程碑。此後，他幾乎將畢生精力都投入到了詩詞箋註中，辛勤耕耘，碩果累累。有《鮑參軍集註》、《韓昌黎詩繫年集釋》、《劍南詩稿校註》、《後村詞箋註》、《吳梅村詩補箋》、《人境廬詩草箋註》、《沈曾植集校註》、《清詩紀事》、《中國文學家大辭典・清代卷》、《中國文學大辭典》、《近代詩鈔》、《廣清碑傳集》、《歷代別集序跋綜錄》、《近代詩鈔》等著作行世。錢仲聯在學術界最大的貢獻，就在於他集數十年的功力，給非常多的古代詩文典籍所做的註解。這些註解不但涉及到儒家、道家，而且還涉及到佛典。沈曾植的《海日樓詩註》，就浸透了錢仲聯五十多年的心血。錢氏的《沈曾植集校註》開始於三十多歲，一直到二〇〇六年他九十四歲時才告完成。陸游《劍南詩稿校註》是錢仲聯在動亂歲月裏做成的，卷帙巨大，正集有八十五卷，外加題外詩，九千多首，極其不容易。同時他又另外做題校、補錄易詩、剔除誤入陸游集的他人詩作，並將詩文中的典故、人物、篇詞、地理、背景等等一一註釋，全都做解，註的好，解的非常詳細。陸游詩全集向來無註本，錢仲聯的校註，算是創舉，工作之難、工程之大，能及者少。

錢仲聯有過四個齋名：夢苕庵、望虞閣、知止齋和攀雲拜石師竹室。晚年的錢仲聯將自己的學術重點定位在清代詩學上，被譽為「清詩功臣」。一九八一年，江蘇師範學院（蘇州大學）明清詩文研究室成立，七十四歲的錢仲聯親自掛帥，開始主持編纂鴻篇巨制《清詩紀事》。一九八九年七月，楹聯精裝，燙金題簽，二十二冊千餘萬字的巨作《清詩紀事》，終於出齊，歷時十年之久。煌煌巨著一經問世，立即震動了學術界。周振甫撰文評論說：「《清詩紀事》吸取歷代詩歌紀事著作之長，並有進一步發展，大有後來居上之勢。」錢鍾書則盛讚該書「體例精審，搜羅鴻博，是使陳松山（田）卻步，遑論計（有功）、厲（鶚）」。錢鍾書還說，「仲聯先生與諸君子之願力學識，歷史載筆，當大書而特書，舉世學人受益無窮」。一九九〇年九月，《清詩紀事》獲第四屆中國圖書獎一等獎；一九九二年，獲首屆古籍整理圖書一等獎。在給錢仲聯評博導的時候，錢鍾書曾說：「如果錢仲聯先生只帶碩士生，那麼，我也只能帶碩士生，我是沒有資格在他面前做博導的。」

錢仲聯以學說、詩詞聞名於世，把作詩填詞、著書立說視為「副業」，錢氏一生最看重的自己是一個教師。

仁者壽，讀書寫作大概是錢氏最大的養生之道了。據稱，錢仲聯的晚年生活極有規律，每天早晨五點起床，晚上六點睡覺，閒暇之餘則手不釋卷，筆耕不輟。

錢仲聯是一位學者，也是一位詩人。作為愛國知識分子，他不曾忘記過自己的責任。「九一八」事件後他發表在《申報》的副刊上的《哀沈陽》詩云：「沈陽城中十萬兵，城南城北屯嚴營，夜半賊來兵盡走，四天如墨無戰聲。平明賊隊搜大戶，穿門為狼入為虎，母從兒走妻求夫，我軍已遠空號呼。」黃炎培讀後拍案叫絕，當時的詩壇評價錢詩說「其骨秀，其氣昌，其辭瑰瑋而有芒」。收入當代名家詩詞集叢書的《夢苕庵詩詞》是錢氏唯一的詩詞結集，《夢苕庵詩存》曾在一九三六年有過三卷本。《夢苕庵詩詞》在一九九三年經其署簽後又曾印刷一千冊作為非賣品流布。手邊的《夢苕庵詩詞》是北京圖書館出版社二〇〇四年八月一版一印本，印數僅三千冊，篇目為錢先生自己選定。收入《夢苕庵詩詞》的作品，是詩壹千四百三十七首，詞五十八首，共計壹千四百九十五首。一代宗師，數量不少了。只是遺珠壹定也不少，很願意看到補遺的集子。央視國際頻道二〇〇四年二月月四日播出的「一代名師錢仲聯」節目中，錢仲聯曾經自述稱：「在現今的中國，全國範圍以內，不單是蘇州，全國範圍內有這樣的本事只有我一個，沒別人了，沒有人會寫駢體文，會寫賦，會填詞，會做詩，而且要做得好，自成一家，有自己的面貌。」

寒齋有幸，收得錢先生著作太半，得以日夕親近之，亦人生至樂也。值此《夢苕庵詩詞》新置書案之際，不免浮想聯翩，感慨萬端。冉雲飛以《萬人歡呼集》為題，述錄過去年代裏大師們斯文漫滅的境況，那是自己人整自己人，叫人沒了顏面，也叫文化遭了劫難。我想起了自己所景仰的錢仲聯先生的「歡呼」抑或「慘淒」時代之事，那是倭寇強加給祖國的災難。

時在一九四二年十一月二十四日，先生署理汪精衛國民政府行政院參事，一九四四年又升任監察院委員，直至一九四五年該政府收場。先生之友冒效魯也在當時任行政院參事。顯然，先生是受到汪精衛賞識並需要裝點門面的人，先生對此，應當也是感激的，這亦常情。劉衍文《〈石語〉題外》一文裡說這個「談不上是為虎作倀」。劉先生並有若干考證。

一九四五年汪精衛棄世，同年七月十五日的《同聲月刊》第四卷三月號上刊有數家汪精衛輓詞。署名仲聯的是五律三首：

其一

太息孫胡逝，艱危仗一人。
河山終復漢，志業邁椎秦。
神理資籌筆，先幾在徙薪。
雲霄垂萬古，八表共沾巾。

其二

去國霾黃霧（原註：渡海就醫之次日，建業黃霧塞天），魂歸降玉棺。
身先諸願盡，病為眾生殫。
填海心終切，回天事已難。
山頹我安仰，空有紙刳肝。

其三

拯溺情難恝，甘心積眾誣。

五年憑赤手，百折奠黃圖。
憂國麈深抱，憐才到腐儒。
淮南雞犬感，無路向清都。

劉衍文說：「此輓詩原刊《學海月刊》第二卷第一冊，只有一、二兩首。首句作『太息譚胡去』，當指譚延闓和胡漢民，後改作『孫胡逝』，則是指孫中山、胡漢民，又把汪的地位和作用提得更高了。其自註『渡海就醫』作『先生出國』、『塞天』作『彌天』。那當是初稿，第三首則為後來所加。」「但是物換星移，面對天翻地覆的歷史巨變，有些人不能不在立場觀點上有所表示，譬如解放後的一本《近百年詩壇點將錄》就把汪□□擬為地耗星鼓上蚤時遷。雖加框框，而實多此一諱，誰不知道這是指的汪精衛呢！時遷固是賊也，然而寄食賊門之下，則又當何以自善其身耶。從『雲霄垂萬古』的三十三天之上一下子把他推倒了十八層地獄之下，真令人有些匪夷所思，不可理解的了。何況我曾見過作者尚刊出有《平型關大捷志喜》(《夢苕庵詩詞》題《聞平型關大捷喜賦》)、《歡呼抗戰勝利》這樣一類的詩篇。記得我當時身處大後方的甌脫之地，因消息封鎖，只知有百靈廟、臺兒莊的勝利，而平型關、百團大戰是直到解放後讀了近代史才逐漸得知的。殊不知作此詩者何以得知，更不知何時而有此作，然前後對看，與其說英雄欺人，更確切地說，毋寧是自欺乎？」

詩人的用詞往往是有喜好和習慣的，錢仲聯先生也不免如此。《夢苕庵詩詞》裏有一些詞就曾反覆出現，比如「呵壁」、「拏雲」，還有「黃圖」也是，另外出現「黃圖」一詞的是《乙卯春感八首，次草堂

〈秋興〉韻》，句子是「黃圖廿載看中華」。如「一笑凌雲」之類，就用得更多，《輓榆生》詩云「凌雲應一笑，精爽在遺編。」「凌雲應一笑」在《題包孝肅墓園二首》詩裏就甚至原句又用了一次。

浙江人民出版社一九九年三月一版印行的當代人文社科名家學述叢書《錢仲聯學述》附錄年表相關部分記述的事項是：

一九四二年（壬午）三十五歲

太平洋戰爭爆發，日軍占領上海租界，國專分校處境更趨困難，部分師生離滬返鄉。

應師陳柱之召，兼南京中央大學教務，不久聘為專任教授，與龍榆生等同事。

在無錫國專任教近十年，門下弟子以文史學術成名者有馬茂元、湯志鈞、楊廷福、姚奠中、吳孟復等人。

一九四三年（癸未）三十六歲

與廖仲愷之兄恩燾相識，次韻答和所贈《燭影搖紅》詞，是為填詞之始。

應李太疏之聘，主編《學海月刊》，並在《學海》上連載發表《讀宋書札記》和撰著中的《海日樓詩註》。

一九四四年（甲申）三十七歲

與張爾田通信訂交，討論學術

《讀北魏書崔浩傳書後》發表於《學海月刊》。

後來收入《龍榆生先生年譜》的一篇文章也刊登在《同聲月刊》第四卷三月號上，這就是《梅花山謁汪先生墓文》：「維中華民國三十三年十一月二十八日，為汪先生權厝梅花山之第五日，受知晚學龍沐勛謹以殘菊數枝，致祭於墓門前曰：蒼梧雲斷，遼左鶴歸。痛絕遺弓，感深前席。夢回午夜，猶疑飛騎以傳箋；吏散寒原，始得縱聲而一哭。凜霜風之淒緊，攬血淚以低迴。忍辱勤修，冀了移山之願；危弦罷撫，空懸捧日之心。敢掬微忱，伏祈昭格。」龍榆生還有《輓汪先生聯》：「其心皎然，如日月經天，臨照東土；棄我去者，有瘡痍滿體，苦念吾民。」亦收入年譜。龍先生其實比錢仲聯幸運，他至少存了一個真實的自己在人間。錢仲聯先生要是不悔當年的「少作」，以本來面目存詩，亦無不可的，或許倒能省卻日後再出些別人「考據」之類的事，紅塵世間的錢仲聯，還會一樣的光彩照人，只不過會更多一份親切和坦然。然而真難，先生已矣。錢仲聯先生曾在傾註了自己一生心力的《沈曾植集校註》前言中引夏承燾《天風閣學詞日記》裏張爾田述沈曾植語云：「燕閒既不輕道其平生，人亦未敢輕問。尚記在海上出一卷詞，囑為刪去小令兩首，叟曰：此詞誠可去，但其本事頗欲存之。問其事，亦不之言。」「惜當時事跡，我輩亦無從盡曉耳。此亦如李長吉詩，鑿空亂道，任人欽其寶而莫名其器，自是天地間一種文字。」盡管先生用六十年時間著了《沈曾植集校註》，《浙江通志》、《清史稿‧後妃列傳》的作者張爾田在《論學遺札》中也稱贊《沈曾植集校註》說，那裏面「從註典到本事，作了細密的考察，」做到了「十得八九」，但萬卷縱橫，瀾翻筆底，錢先生對自己的書也還是頗有遺憾。先生之憾就是他自己在《沈曾植集校註》稱引過，夏承燾在《天風閣學詞日記》裏說過的話：「即使盡得其出處，而本意終不可知」。這些遺憾，在讀先生書的時候，今天的我們也一樣存在。

夏承燾《天風閣學詞日記》一九四六年四月一日云：「作瑗仲復，論□□、□□事，二君皆以不能少忍須臾，遂噬臍無窮。今日吾輩即濡首援溺，誠亦無能為力。然談言之間，如有可將護遮回處，仍須為盡心力，為他時酬答友誼之地。滄桑之際，事有難言，古人如陶淵明之於殷晉安。少陵之於鄭虔、摩詰，皆拳拳關愛，不以一時之誤，忘平生之舊。昔賢寬恕之風，有關世教，不必援國法以衡私情云云。」瑗仲是文史學家、書法家王蘧常的字，其別號為明兩、滌如、用里翁、玉樹堂堂主、欣欣老人等。王蘧常先生曾經手書聯語懸於錢仲聯書齋夢苕庵：「六十年昆弟之交情同骨肉，八百卷文章壽世雄視古今」。馮其庸在《懷念仲聯先生：師恩半世般般真》一文里曾說過「我於一九四六年拜夢苕師為師，到一九四七年又見到王瑗仲（蘧常）先生，一九四八年又正式從瑗仲師學諸子學」的話。許多年後瑗仲去世，錢仲聯也賦詩悼念。□□、□□所指者大家其實也都明白了。據劉衍文稱，夏承燾在此後特別是一九四九年後曾竭力對這兩位友人援手幫助，面臨巨大壓力時也未改初衷。當然，兩位先生也以深厚的友誼回報夏氏，《夢苕庵詩詞》裏收入的與夏承燾翁的酬唱自然也多。

比較起來，夏承燾先生的話要厚道多了。友人詠馨樓主曾就此感喟：「令人遺憾的是，夏承燾對錢仲聯、龍榆生厚道，錢仲聯對龍榆生卻不厚道。人是不是年紀越大出語越要刻薄呢？」不過，善待錢仲聯的結果，是中華文化，特別是中華詞學，又一次豎起了一座豐碑，這還是很劃得來的。

錢仲聯的《近代詩壇點將錄》、《近代詞壇點將錄》、《順康詩壇點將錄》、《道咸詩壇點將錄》、《光宣詞壇點將錄》、《浣花詩壇點將錄》諸作已經膾炙人口。後人也將錢仲聯寫入了點將錄，想想好玩得緊。詠馨樓主博客文章《當代詩壇點將錄》中列錢仲聯為第二，僅在「托塔天王晁蓋」陳衍之後，座號為「及時雨宋江」，略云：「錢仲聯詩，冠絕儕輩，自九一八事變後所作感時傷世諸詩，均可抗手人境廬。仲聯得名甚早，交遊亦廣，可謂『一生相識滿天下』，老輩如陳石遺、金天羽、楊雲史、張爾田等人，同輩如楊無恙、王蘧常、錢鍾書、冒孝魯、蘇淵雷、馮振、饒宗頤、夏承燾等人，均為夢苕翁故交也。又，此翁早年執教無錫國專、大夏大學等校，建國後長期執教於蘇州大學，門下桃李之盛，時人無出其右者。余嘗見夢苕翁照片，此老身材五短，置身夢苕庵著述中，使人於著述等身之虛說，頓生形象之實感。所作諸點將錄及詩話、論文，包羅萬象，古今詩人皆在品評之列。呼群保義，及時之雨，矮宋江非此莫屬。」地位相當高。

馮永軍尚有《漫成十絕句論當代詩壇》之錢仲聯章：「與日偕亡旦旦言，從龍當日恐難安。同為凝碧池頭客，老去何心斥忍寒。」他另外的詩作並按語也似與錢詩有關：「一曲圓圓萬口傳，彩雲飛盡見天山。自古詩人喜尤物，楊花蝴蝶又翩翩。詠馨按：近世若樊樊山前後《彩雲曲》、楊雲史《天山曲》皆以梅村體述女子事而負盛名者，錢仲聯前後《蝴蝶曲》、孔凡章《楊花曲》，亦此一派餘波也。」以下是馮兄《輓錢仲聯先生》（選二首），抄錄以資談助：

其一

平生好風雅，所慕唯二錢。
默存人中龍，伏海已五年。
魯殿靈光者，屈指餘仲聯。

當日李太白，投書荊州韓。
持較吾豈敢，所願析疑難。
北去復南來，世事紛萬端。
初心未稍移，無成早自慚。
年來復效顰，點將多妄言。
未敢芻蕘獻，尚思有增刪。
偶作網上遊，知翁歸道山。
海外東坡謠，此心猶疑間。
以之詢諸友，乃知非謠傳。
從此失依倚，念此摧肺肝。
傾河註海淚，無計灑吳天。
回戈倘返日，先訪夢苕庵。
（自註：余因俗務之累未嘗謁見錢老）

其二

吾作點將錄。尊公及時雨。
足跡半天下，勿謂驅馳苦。

天降風雅任，遂得江山助。
出其緒餘力，佳詩滿寰宇。
又逢板蕩世，故國陷胡虜。
無計草軍書，揮毫詩作弩。
感事復傷生，誰解匹夫怒。
斯真一代史，儕輩誰堪侶。
休言匹人境，所望在老杜。
渾淪萬象者，選堂非輕許。
時流鄙舊詩，新詩孰可語。
韓陵無片石，敵此江南賦。
時世久轉移，只手天難補。
忍看一燈絕，舉世幾人慮。
又驚泰山頹，詩壇更誰主。

兄又言：余以宋公明點錢仲聯者，尚有一事當並記於此。宋江一生似無片刻不以「忠義」為歸依，然終不免為梁山泊一頭領也。夢苕翁者，亦時時以忠臣孝子自命，「九一八」事變後所作諸詩，痛哭流涕者有之，怒髮衝冠者有之，「直疑天尚醉，欲與日偕亡」者亦有之，然終不免追隨雙照樓主人，「為王前驅」，此為愚所不解也。（詠馨按：乃弟華孫於一九三八年為日軍槍殺，則夢苕翁於日人，不惟國仇，亦兼家恨）建國後，夢苕翁於南京偽政府之事諱莫如深，論詩詞作品，其作者稍有不諧於時論者，必摒棄不論或論之亦必貶之、斥之，然論及錢牧齋則頗多恕詞。龍榆生者，夢苕翁南京偽中央大學時之同事也，亦嘗共事於汪兆銘之政府，然夢苕翁晚年論及故人，幾怒形於色，不欲於同時也。故余《論詩絕句》有句云：「同為凝碧池頭客，老去何心斥忍寒！」

范笑我兄《秀州書局簡訊》（第一六一期）文字稱記錄了錢仲聯人生最後時段的一些事：

四月十七日躺在病床上說：「只要寐叟的書能出版就好。《沈曾植文集》我已拿了一部分稿費，版權已賣斷。他們增補了三十篇文章。《民國詩話叢編》出了？我沒看見。我知道這件事，他們收入《夢苕庵詩話》（錢仲聯）時跟我說過，每篇前面加了一個標題。《詩話》收得最多是郭紹虞，這些財產都在富壽蓀那裏。現今不知這些財產的下落。富是龍沐勛的學生。龍沐勛曾被判六年徒刑。罪有應得。龍參加過戴笠的特務組織。嘉興現今有一個人物，經常露面，他就是章克標，一個臭名昭著的人。以前去湖北，現在在上海？嘉興有沒有紀念唐蘭？在嘉興他是沈寐叟之後頂有學問的人。紀念不紀念無所謂，他是國際專家，研究甲骨文的。王蘧常沒有什麼，不過寫寫字而已，出名也只是他的字。王蘧常的詩並不好，說大話。《顧亭林詩集集註》是他的學生著，掛他的名字而已。唐蘭的詩好，我曾在王蘧常那裏見過一首，記得已經抄給你。金蓉鏡不見有什麼著作，沒什麼學問。你們的《簡訊》太雜，有些內容不要登。登了對你自己不利。有些隨便說說的話，一旦認真起來，講的人可以不承認，倒楣的不還是你。多登一些書目，對將來研究版本有參考價值。《笑我販書》，有些資料，有用。錢名山是老先輩，他信中提到的『仲聯』不是我。……今天，恐怕是最後一次見面了，因為我只能吃流汁了。」

龍榆生去世後，錢仲聯是作有輓詩的，北圖版《夢苕庵詩詞》收入了這首詩：

輓榆生

（滬上將開追悼會）

桑海同身世，風流倏逝川。
祭尊南國去，詞硯雪溪傳。
定論新天日，前塵小劫年。
凌雲應一笑，精爽在遺編。

收入《夢苕庵詩詞》的《瞿禪先生書告吳趨遊約，念舊抒懷，寄以百韻》句云「四海知雙鬢，千春孰比肩」，「八公歌桂樹，九畹種蘭荃」，「金剛香不壞，吾道在垓埏」（「垓埏」，讀作gāiyán，天地的邊際，指極遠的地區，語出漢司馬相如《封禪文》：「上暢九垓，下泝八埏。」）詩是錢仲聯頌夏承燾的，情深意長，無與倫比。我找兩句作文章題目，也來說錢先生的事業。我們於錢先生，是要高山仰止的，梁漱溟曾說他是「在霧中遠遠地看見了孔子是怎麼回事」，遠遠地看見，我說自己看錢先生，也是遠遠地，在霧裏，只感覺到那該是先生，還沒有看清楚，更沒有看見是怎麼回事。不過，假以時日，能看見是怎麼回事，也或者說不準呢。

二〇〇七年一月二十八日上午寫畢於陽光燦爛中

三松堂主人馮友蘭

《三松堂自敘》是心儀已久的書，今天才讀，不亦晚乎？回答是不晚，子曰：朝聞道，夕死可也，小子何敢言晚。

批林批孔的時候，知道了馮友蘭，那時候，我是十五六歲的少年。無書可讀，老師也沒有講過歷史的真實，讀到馮友蘭批林批孔的文章，覺得也有意思，算是增加了歷史知識。二十來歲讀大學，在書攤上買下他新編哲學史在大陸出版的最後一冊，三松堂當然就往心裏去了。後來知道，他有「毛澤東思想發展經過三個階段，第一階段是科學的，第二階段是空想的，第三階段是荒謬的」觀點。他曾說「在寫本冊第八十一章時，我真感覺到『海闊天空我自飛』的自由了！如果有人不以為然，吾其為王船山矣！」當時未以為意，現在看，這書第七卷至今未見刊行，不免服先生的先見之明。

說實話，和馮先生的女兒宗璞比起來，宗璞的書倒是讀得多，但是相比起來，忘不掉的，還是馮先生。粗粗讀下來，雖然《三松堂自敘》不一般地寫出了清末民初的社會風情，自不乏史料價值，但我感興趣的，還是有關學術的人和事。這個感性之想，是苛責了，但人之性情如斯，也無可如何。馮先生說，陳獨秀詩寫得不錯，其《遊仙詩》曰：九天珠玉盈懷袖，萬里仙音響佩環。看來，這個把實驗室和監獄看做能夠產生思想家地方的特立獨行者，也大具詩人懷抱。詩意洋溢在胸的人，必為有趣之人。獨秀不獨可敬，亦復可親也。

據稱，蔡元培在北大時期奉行三不主義，其中特別突出的是不做官。他以為，為學術是讀書人最要緊的品質。不過馮先生覺得，就中國歷史說，那些在學術界有所貢獻的人們，都是在做官的餘暇做學問的。他們都可以說是業餘的學問家，學問的愛好者。當然成績大有功於國家、人民和人類。不能說馮友蘭比蔡元培高明，但這個講法無疑是正確的。歐陽修說，文章止於潤身，政事可以及物。中國古代文人無論是出身仕宦還是布衣，都有著「大濟蒼生」、「達則兼濟天下」的政治抱負，作為「接著說」中國哲學的馮友蘭，持有這樣的觀點，並不奇怪。不過話說回來，思想和哲學從來也都是雙刃劍，馮友蘭的遭際也由此蒙上了厚重的陰翳。一九四九年後，思想改造運動來臨，最初馮友蘭喊出了風傳北大的名言「寧和老婆離婚，也不願和唯心主義分手」，但在那個時代裏，這種抗拒幾乎是可以忽略不計的。不久，馮友蘭就致信毛澤東，表態決心改造思想，學習馬克思主義，準備於五年之內用馬克思主義的立場、觀點、方法，重新寫一部中國哲學史。毛回信：「像你這樣的人，過去犯過錯誤，現在準備改正錯誤，如果能實踐，那是好的。也不必急於求效，可以慢慢地改，總以採取老實態度為宜。」後來馮友蘭遭難了，毛澤東在一次中央的會上說：「北京大學有一個馮友蘭，是講唯心主義哲學的，我們只懂得唯物主義，不懂得唯心主義，如果要想知道一點唯心主義，還得去找他」。就這樣，馮友蘭被「解放」見了天日，他寫詩致謝，託謝靜宜轉達。詩云：

善救物者無棄物，善救人者無棄人。
若有東風勤著力，朽株也要綠成蔭。

批林批孔中，已是驚弓之鳥的馮友蘭唯恐又要遭難，就主動寫了兩篇批孔的發言稿。據說，毛澤東聽說了，馬上就要來看，當場拿著筆，改了幾個字，甚至還改了幾個標點符號。後來是很快發表，轉載流傳。馮友蘭做了北大、清華兩校大批判組的顧問，隨江青坐專車去天津視察。

馮友蘭本來以學術立身，名揚天下，寫奉命文章，未必沒有沒討好的成分，不過他說，那是發自內心的真誠。今天看來，那份試圖「依傍紅太陽」的單純，也不過就是天真。但在顛倒了一切的年代裏，免俗的人大約本來也少。結果，老了老了又遭審查，弄丟了待遇，回到了四九年解放時的狀態，好的是沒有再行大批判，再落牢獄之災。那「讀書人最要緊的品質」這時候更救了他，他淡淡薄薄，了無牽掛，靜下心來整理著述，倒成就了名山事業，與世長存。

馮友蘭身歷五朝，年登大耋，學術大名又成就於早期，《三松堂自敘》所記錄所甄別的，可珍視處自多。如說，顧頡剛在北大當學生時喜歡看戲，每天下午兩節課後，就到大街上看各戲院貼出的海報。不料老顧的一世學問，竟來源於此：戲看多了，他發現一齣戲越是晚出，它演的那個故事就越詳細內容越豐富，像滾雪球一樣，越滾越大，由此他想到，古史也有這種情況，故事是人編出來的，經手的人越多，添油加醋的成分也越多。這是《古史辨》的思想，這思想是他從看戲中得來的。馮氏以記述為自得。手邊正好有《顧頡剛學記》，內中蘇州五老的照片，彷彿印證著《三松堂自敘》裏的文字，顧頡剛微微含笑，註視著後來的人們。

兼容並包政策下的北大教授們笑話多，他們自笑話中來，也存活在笑話中。事情過去了許多年，那些笑話也都還在。至於所謂的保守守舊教授，比如劉師培等人，馮友蘭說，所謂兼容並包，不過是為幾個人保留領薪水的地方，說不上保留他們的影響，除了他們的業務外，他們也沒什麼影響。這一政策最主要的地方，是為新事物開闢道路，留出了寬闊的天地，到後來，積極影響越來越大。從社會的進步角度來看，這份見識和襟懷，直到今天都該看重。

青年馮友蘭本來是革命的。一九二六年在開封見到于右任，馮友蘭問于右任，可不可以去廣州。于右任說：「革命的人可以去，不革命的人不可以去。」他想當革命的人，就去了。

但他沒有做成革命者。他成了思想家。

馮友蘭的成績來自於他的專註和思考。三十年代，馮友蘭乘車路過中越邊境的鎮南關，正在思考的馮友蘭把手臂伸出窗外，撞到了城墻上，造成骨折。金岳霖曾不無幽默地說：「當時司機通告大家，不要把手放在窗外，要過城門了。別人都很快照辦，只有馮先生在考慮手為什麼不能放在窗外，放在窗外和不放在窗外的區別是什麼，其普通意義和特殊意義是什麼，還沒考慮完，已經骨折了。」

接下來到了四十年代，馮友蘭說：「在四十年代，我的每一部書一出來都受到當時的進步的人士的批判。我當時對於這些批判，一概不理，也不答辯。我當時想，他們不懂，我同他們之間沒有共同的語言。確實是沒有共同的語言，這個道理我在解放後才搞清楚。」

馮友蘭不朽的文字，和他生命中的拋物線頂峰應該是他為西南聯大紀念碑所寫的碑文。那也是奉命之作，梅貽琦說，西南聯大總得留下些什麼，於是同仁決定立碑。那是在聞一多犧牲，聯大結束之前。碑文一節曰：

稽之往史，我民族若不能立足於中原、偏安江表，稱曰南渡。南渡之人，未有能北返者。晉人南渡，其例一也；宋人南渡，其例二也；明人南渡，其例三也。風景不殊，晉人之深悲；還我河山，宋人之虛願。吾人為第四次之南渡，乃能於不十年間，收恢復之全功，庚信不哀江南，杜甫喜收薊北，此其可紀念者四也。聯合大學初定校歌，其辭始嘆南遷流難之苦辛，中頌師生不屈之壯志，終寄最後勝利之期望；校以今日之成功，歷歷不爽，若合符契。聯合大學之始終，豈非一代之盛事、曠百世而難遇者哉！爰就歌辭，勒為碑銘。銘曰：痛南渡，辭官闕。駐衡湘，又離別。更長征，經河澤。望中原，遍灑血。抵絕僥，繼講說。詩書器，猶有舌。盡笳吹，情彌切。千秋恥，終已雪。見倭寇，如煙滅。起朔北，迄南越，視金甌，已無缺。大一統，無傾折，中興業，繼往烈。羅三校，兄弟列，為一體，如膠結。同艱難，共歡悅，聯合竟，使命徹。神京復，還燕碣，以此石，象堅節，紀嘉慶，告來哲。

可惜，我民族未能珍惜大好前景，蹉跎出浩劫幾番。

高爾泰在一篇文章裏說：「馮友蘭先生逝世，我收到宗璞女士一信，說她父親生前囑咐，墓碑要我書寫。我生也晚，無緣見一代宗師。唯讀其書，高山仰止。聽說他文革中支持毛、江，文革後成眾矢之的。不明就裏，打電話問（王）元化先生。先生說亂世做人很難，馮友蘭更不容易。設身處地，其情可恕。許多人（說了幾個名字）都是那樣，現在仍被尊敬。」

這是馮友蘭先生身世中頗為迷離，也動人心魄處。

高爾泰繼續陳述：「一邊廂積誹銷骨眾口鑠金，一邊廂開口大師閉口文豪，也很不公平。」他沒有理人云亦云的公眾輿論。「恭敬書寫了墓碑，和墓碑反面的『三史釋今古，六書紀貞元』十字，從此成了宗璞大姐和她的先生蔡仲德教授共同的朋友。時至今日，二位每有新著，必惠贈。文章觀海波瀾闊，學問遊山泉脈多，受益匪淺。且喜燕南園里，三松依舊龍蟠。」

《三松堂自敘》裏的陳說稱：「自從解放以來，我的絕大部分工作就是否定自己，批判自己。每批判一次，總以為是前進一步。」馮先生也回憶了江青，說「江青好騎馬。」「江青走過我面前時說：『本來想去看你，因為窮忙，沒有去。』」江青一行天津吃飯，自己掏腰包。當年的《光明日報》上發表過他的《詠史》二十五首。其中有一首有兩句歌頌了武則天：「則天敢於做皇帝，亙古中華一女雄。」馮友蘭不得不解釋：「這組詩的最後一首的最後一句說：『深謝耆年帶路人。』這個『耆年帶路人』明明指的是毛主席，可是有人竟然說指的是江青，向來說，『詩無達詁』，可以靈活解釋，但是靈活也不能靈活到這樣的地步。」

馮友蘭的《生日自壽五律》詩說：「水擊三千里，人生二百年。願奮一支筆，奔走在馬前。」這寫給老闆的。他述說動機稱：「不能說全是上當受騙了」。

經歷了「四人幫」折騰後，馮友蘭的待遇回到解放初，他說正好無牽掛，完成自己的名山志業。他做到了。

八十二歲時，馮友蘭訪問美國，在機場他賦詩一首：

早歲讀書賴慈母，中年事業有賢妻。
晚來又得女兒孝，扶我雲天萬里飛。

據稱，母親、妻子和女兒那是他一生得力的三個女子。人性親情，於焉珍重。

馮友蘭逝世後，季羨林發表悼念文章，標題是「大節不虧，晚節善終」，這個評說反映了大家的看法。

榮毅仁有言：「發上等願，結中等緣，享下等福；擇高處立，就平處坐，向寬處行。」哲人本來好，是時代糟糕。白玉有了瑕疵，也還是白玉。

二〇一〇年五月三十日上午

沈德潛與乾隆帝

與老師通電話，和過去一樣，繼續囑咐我學習，多讀古典，並學寫詩詞，還說，童子功沒有，也可以補課的，蘇老泉，就是很晚了才學起來的，也很好的。學經典，至少文字可以弄得很好，比如古詩做得好的魯迅，文字就很耐讀。學做古詩，大約弄不好了，但是讀些好詩的遠望，還是有的，師尊之說，正合著我的心意。

翻出書來讀，就有沈德潛的。沈德潛久困場屋，卻熱衷不改，功夫用到偏處了，氣局器量都受到影響。但他詩作得好，所以後來他的主要成就就集中到了詩選和作詩上。四十歲的時候，他有《寓中遇母難日》詩云：

> 真覺光陰如過客，可堪四十竟無聞。
> 中宵孤館聽殘雨，遠道佳人合暮雲。

淒清和落寞之境可見。沈德潛自二十三歲起課館授徒，到六十七歲時中進士，當了四十多年的教書匠。所幸好學不輟，辛勞中未忘記讀書寫詩，最終成得大器，惠及後世，算是未負苦心。沈德潛師從葉燮學詩，自述「不止得皮、得骨，直已得髓」。雖曰自負，卻並未言過其實。

沈德潛的主要業績是他選編了《古詩源》、《唐詩別裁集》、《明詩別裁集》、《國朝詩別裁集》等書，這些正是我手頭讀誦的好書。他論詩的宗旨，主要見於所著《說詩晬語》和他所編之書的序和凡例。上述各選本外，他還有有《沈歸愚詩文全集》（乾隆刻本），包括自訂《年譜》一卷、《歸愚詩鈔》十四卷、《歸愚詩鈔餘集》六卷、《竹嘯軒詩鈔》十八卷、《矢音集》四卷、《黃山遊草》一卷、《歸愚文鈔》十二卷、《歸愚文續》十二卷、《說詩晬語》二卷、《浙江省通志圖說》一卷、《南巡詩》一卷。沈德潛論詩，尚格調，崇盛唐，以和平敦厚為宗，蔚為流派，稱一代山斗。

六十七歲作了進士的沈德潛，很受皇上賞識，奉命纂集御製詩，是他最重要的工作。乾隆也給了沈德潛極高的禮遇，據《清稗類抄》記述，沈德潛歸假葬親，為父母乞誥命，乾隆給了封典，並有詩餞行，有「我愛德潛德，淳風挹古初」句，侍郎錢陳群有唱和詩云：「帝愛德潛德，我羨歸愚歸。」賜詩與和詩均嵌入沈德潛的名「德潛」和號「歸愚」，一時傳頌，成為藝林盛事。沈德潛十數年間一路春風，官職由少詹事升詹事，再升值書房副總裁，五遷內閣學士，八十多歲退休以後，加禮部尚書銜，成為乾隆朝大臣中的九老之首，肖像掛於內府。甚至到了九十歲還晉階為太子太傅、太子太師。沈德潛年老歸鄉後，曾三至京師為太后、帝祝壽，乾隆帝下江南，曾四次接見，每見必加官、賜詩。可舉的典型是乾隆十六年，沈德潛趕到清江浦迎駕，乾隆賜詩云：

玉皇案吏今煙客，天子門生更故人。

別後詩裁細細檢，當前民瘼聽頻陳。

平常日子，耄耋居家的沈德潛與乾隆帝也詩簡往來不絕，被乾隆稱之為「江南大詩翁」、「朕之老詩友」，如帝贈沈七律云：

吳中今古老人科，比擬徵明定若何？
書畫雖輸詩勝彼，功名已過壽如佗。
遊山有興仍清健，處世無爭只善和。
明說九旬有三歲，那更年報尚嫌多。

沈德潛老運之佳，為古今歷史罕見。誠如袁枚所作神道碑稱：「詩人遭際，至於如此，盛矣哉，古未嘗有也」。「海內文士，窮年兀兀，能得朝廷片語存問，已覺隆天重地，而沈公受御賜詩四十多首。」

九十歲時，沈德潛編《國朝詩別裁集》，選了錢謙益的詩，選了錢名世的詩，第一人還列了錢謙益，乾隆帝責其失當，賜序命刪去錢詩，詩集由內廷翰林刪改重編。乾隆以為錢謙益為明朝降臣，是入了「貳臣傳」的人，其詩置於國朝首位，很是荒唐。而錢名世案涉年羹堯，曾蒙雍正御賜「名教罪人」之書，下聖旨「令該地方官製匾額，張掛錢名世所居之宅。」其詩入選，當然荒謬。不過，錢仲聯《清實紀事》裏說過此後的沈德潛，「然眷遇如初」，沈德潛《甲申除夕》詩裏也說，自己九十三歲的時候，還奉旨在常州迎駕。

沈德潛活到了九十七歲。據《清朝野史大觀》記述，沈德潛歿後，乾隆南巡，過蘇州，吊其故廬，見其子孫。乾隆還搜羅沈德潛遺稿瀏覽，不料看到了平日皇帝讓沈德潛捉刀潤飾的作品，俱在其中。皇帝自然十分生氣。恰在這時，因仇家揭發，已故舉人徐述夔《一柱樓詩集》中有「明朝期振翮，一舉去清都」的詩句，經劉墉上報，定為逆案，形成「文字獄」。徐與沈德潛是故人，沈德潛為徐寫了傳記。柴蕚《梵天廬叢錄》裏說徐一夔科舉無望，牢騷滿腹，「有觸即發，排滿之言於焉出矣。自號其堂曰維止，隱取雍正二字而去其首，師查嗣庭之故智也。建樓名一柱，繪紫牡丹懸其上，徵人題詠，有『奪朱非正色，異種也稱王』之句，」在《清詩紀事》裏這一句也正好收在沈德潛。這麼多麻煩齊集沈德潛名下，乾隆便下旨「奪德潛贈官，罷祠削謚，仆其墓碑」。「昧良負恩」，「卑污無恥」這些難聽之極的話，也堆到了沈德潛的頭上。

對於自己和沈德潛的關系，在沈德潛辭世十年後，御筆寫下了題為《故禮部尚書銜原侍郎沈德潛》的懷舊詩：

東南稱二老，曰錢沈則繼。
並以受恩眷，嘉話藝林志。
而實有優劣，沈踳錢為粹。
錢已見前詠，茲特言沈事。
其選國朝詩，說項乖大義。

製序正其失，然亦無呵厲。
仍予飾終恩，原無責備意。
昨秋徐案發，潛乃為傳記。
忘國庇逆臣，其罪實不細。
用是追前恩，削奪從公議。
彼豈魏徵比，仆碑復何日。
蓋因耄而荒，未免圖小利。
設曰有心為，吾知其未必。
其子非己出，紈絝甘廢棄。
孫至十四人，而皆無書味。
天網有明報，地下應深愧。
可惜徒工詩，行闕信何濟。

踳，同舛，乖違之義：趨行踳馳不歸善者，不為君子。

好話只有頭四句，錯事則是兩件：一是「其選國朝詩，說項乖大義」，對這件事，乾隆帝還算寬容，「製序正其失，然亦無呵厲」。只在御製的序言裏指出了，而沒多加指責。二是牽入徐述夔案件，徐被定為大逆不道，而沈德潛卻曾為他寫傳記，「忘國庇逆臣，其罪實不細。用是追前恩，削奪從公議」。這時沈德潛已死，當年的封贈現在削奪，墓碑也被顛仆。乾隆把這事推給了「公議」，說是大家決定的。也還有幾句原諒他的話，說他是老糊涂，貪圖小利而寫了這傳記，不一定是有心包庇逆臣的。

詩的末了說沈德潛非但受了皇家的處分，還受到天譴。株連子孫，今天看起來，這幾句是說得過分了。乾隆的子孫後來也丟了江山，人就不能都說是天譴的。

不過沈德潛，還是比二百年後到來的浩劫中人要好些，沒有被打翻在地，再踩上一隻腳，永世不得翻身。至少，皇上還是寫了頗見情分的禦制詩，算是定論，他的書，也都還讓流通。

二〇一〇年二月十六日晚間寫畢

浩然天地之間：海瑞

架上「發現」一九五七年八月第六次印刷，一九七九年八月三第三版的上海人民版的蔣星煜《海瑞》。只一三八頁，八六〇〇〇字。但印數卻有一三九冊之多。這些數字大可玩味。比如一，當時最高指示學海瑞，「捨得一身剮，敢把皇帝拉下馬」，找相關的書，只有此冊《海瑞》，殊為難得。二，此書出版當日，真是書荒時節，版甫出，即洛陽紙貴，據作者說，初稿是一九五六年五月完成的，一九五七年二月進行了二次修改，一九七七年十二月完成了第三次修改，那麼流布的範圍，便相當可觀。三，當日文化環境或緊，但有此成績，仍可欣喜。

此家中故物也，購於書出版的第二年。九成新，已隨我搬過至少四次家。剛剛在海南和伍立楊兄見過面，拜謁過海公墓，早已忘記家中收有此冊，現在寓目，豈天意乎？冥冥中神物相隨，緣深無限也。展卷快讀，心為之撼。海公已矣，魂魄猶在。山河無恙，社稷有福。得此正氣，元元可托。當日海公往生，江南百姓白色衣冠相送，百里不絕，揆之今日，已不可得。海公歿後，八十老儒陳繼儒修《松江府志》，不怕觸怒當道，秉如椽之筆，留海青天美名，真骨氣也。

《直言天下第一事疏》是直斥皇上的。朱厚熜差不多要氣死了，你想，「天下不直陛下久矣！」的話都說了，如何可以放過。但是朱厚熜畢竟沒有殺海瑞，朱家皇上後來還是讓海瑞做了大官。想起被割斷了喉管的張志新和遇羅克，不禁氣餒於所謂「歷史的進步」，無怪乎梁漱溟要問：「這個世界會好嗎？」伏爾泰曰：「我反對你的觀點，但我誓死捍衛你說話的權利。」今天，《直言天下第一事疏》鎏金大字刻寫在廖末沙題字的「海瑞陳列室」墻上了，然而，還能有海瑞麼？伏爾泰的理想什麼時候才能實現？

海瑞是清官，他編《淳安政事》留惠後人。罷官後閒居海南十六年，他也賣文補貼生計。「海瑞不是以文學出名的文學家，他的大部分作品流傳至今，應歸功於他自己的搜集、編輯和刻印。」今日許多人卸任後弄文集弄回憶錄，有比得上海瑞的人麼？

更難得的是，架上已有蔣公《西海書屋隨筆》。此三年前遇於蘭州述古特價書店，書挑好後存放該店逛街，未付款，後因事離開蘭州，書也就再沒有去拿。翌年再度赴蘭州，過該書店，詢問店家，竟還記得此事，並拿出一年前我挑好的書。欣喜中付款，結得善緣。今年到蘭州，再尋述古書店，則已然關張，不見影子，此亦市場難容書店，文化貶值之徵候，思之良可嘆也。

據蔣星煜《西海書屋隨筆》所述，蔣氏五十年來的研究和寫作都以名劇《西廂記》和著名清官海瑞為主，故九・九平米的書屋各取其一字名之。《西海書屋隨筆》印於二〇〇〇年，蔣公云，「都是讀書或觀劇的筆記」。「在價值規律偏向經濟效益的浪潮中，上海書店出版社願意出版這一類書籍，對於學者型的作家來說，感激之情難以言表。」

戲曲史家、文學家蔣星煜生於一九二〇年，已是九旬老人，錢漢東說：「在上海舉行的蔣星煜先生學術創作活動六十五周年座談會上，有人戲稱他為『妖怪』。妖者，凡人難以企及也。」蔣先生有一手好字，一九八四年，日本東京不二株式會社曾以手稿真跡影印本的方式出版其《西廂記罕見版本論》。

《西海書屋隨筆》系「當代學人筆記叢書」之一。此叢書收有羅振玉後人羅繼祖先生《兩啟軒筆塵》，書極佳，羅氏讀書隨筆《楓窗脞語》曾匯入張伯駒所編《春遊瑣談》，後《墐戶錄》出版，「雖不給酬而給書，亦彌足自慰矣。」此八十五歲長者一九九七年三月二十九日所述者。同叢書黃永年先生《樹新義室筆談》自序則說，應出版方之約，挑選一些論文，「壓成每篇三百字左右」，「何況現在純學術性的論文集讀者少，好些出版社不願出，現在改用筆談的方式，在爭取讀者上也許會有利一些。」大家趑趄，夫復何言。書後有二〇〇七年十二月二十一日我寫的跋語云：「將赴滬上，在蘭州候機，得值此編。熟悉的售貨員以我和先生名字只一字異，以為吾家書也。以『五百年前是』作答，一笑也。午後翻讀，殊破岑寂。」故永年先生，向為敬重，今日再展書卷，深致懷念。

《西海書屋隨筆》裏說了當日《海瑞》成書的經過，據稱，那是奉旨而寫的，後來則因此而蒙大難，是因為那已是「大毒草」，被迫害的作者情願死在手術臺上，都要比活著好受。妻子也在那時去世。記起友人戴建華收得的周一良藏書章上的刻字了：「書生上了毛澤東的當」，莞爾中不免酸澀。

海瑞在《借山亭記》中稱贊剛正者說：「浩然天地之間」，就以此作今天讀書的札記題目，也矚望於未來。

二〇一〇年三月二十八日傍晚

關帝信仰

關帝信仰，在過去了的明、清兩代，無論是官是民，都是神聖的。現今的海外華人世界，這個信仰也還都在。時下南方大旱，大家束手，不免憶及過往祈雨之典。那典禮以五月十三日關公聖誕日為靈，那是關公的生日，也是「單刀赴會」，會下「磨刀雨」的日子，關聖帝君是老龍轉世，後來又登基作了玉皇大帝，自然要施雨人間，所以慶典要加上祈雨的儀式。現今的人沒了信仰，祈雨是不需要的。三江之上拼了命地堵壩修電站，錢多了，什麼也不在乎，自以為已經勝天，孰料年來又有那麼多的災殃，真是苦了百姓，而又無從說起。嘆嘆。

二〇〇三年四、五月間，我在洛陽逗留一周餘，有幸瞻仰了關林。那是關帝爺的陵園，武聖人安養的地方。饒宗頤先生說，洛陽關陵之設，和孔聖人並美，「代表文、武兩種不同的觀念」，是有道理的。

崇尚忠義、宣揚聖道是關帝信仰的主要點。關夫子當日義薄雲天的氣象，為後世留下了巨大的精神財富。無論你信與不信，見利忘義的行徑，總是要受到唾棄，舉頭三尺有神明，協天護國的關帝爺就司其事。匯入民族精神洪流，成為重要支柱的關帝信仰，支撐了春秋正義的道統。凝聚於關夫子而為萬世共仰的忠、義、信、智、仁、勇，蘊涵著中國傳統文化的倫理、道德、理想，滲透著儒學春秋精義，並為釋教、道教教義所趨同的人生價值觀念，實質上已然是彪炳日月、大氣浩然的華夏魂魄。

關夫子是我華先祖所造之神，亦常人也。他有七情六慾，據《三國志》本傳註語，曾向曹操乞要行將滅亡的呂布美艷的愛人（俞樾考證），當然是曹阿瞞不幹，自己享用去了。常人關夫子也犯錯誤，那時他不聖明，他發脾氣誤了事，走麥城大家是都知道的，誤的也是大事，但是「君子之過，如日之蝕，及其更也，人皆仰之。」人們原諒了他，寬容了他的失誤。真是死也荊州，生也荊州。他在荊州丟了性命，卻也在荊州獲得了永生。關公聖跡，荊州為最。「最初顯聖之地」巨碑巍巍，關漢卿大筆如椽，《三國演義》渲染有加，關夫子一派好運，緣結佛道，大業成就。

智者大師是東土六祖之一，大隋天臺宗開宗龍象，他在玉泉山入定，得關夫子護持，出定後「見湫潭千丈，化為平阯。棟宇煥麗，巧奪人目，神運鬼工」，寺院煥然，道場巍峨，「師領眾入居，晝夜演法。」玉泉寺遂成大乘聖境。《佛祖統記》云，由於這個緣故，「神之威德，昭布千里，遠近瞻禱，莫不肅敬。」這是佛家宣揚的關帝爺。道家則有《關聖帝君本傳年譜》收入《道藏輯要》，儼然修真之秘籍，弘法之津梁。關聖與佛道兩家鼎盛因緣之外，戚繼光抗倭，亦夜夢美髯的關帥爺相助破敵。宜乎大明天子敕封，廣大百姓信奉。這些造神運動的結果，不象後來的那樣愚蠢，要毀掉文明的成果，恰恰相反，是為了保江山安社稷，也護百姓、護文明。

不僅僅中夏，四裔也蒙其護佑。日本、泰國緬甸、新加坡、美國乃至歐洲，有華人處就有關帝信仰，幾乎各家各戶都為關公設香案，立牌位，掛聖像。建祠立廟，在所不免。而關帝信仰的研究者，則遍布歐美，「關學」幾成顯學。這一切，有血有肉的關夫子是不能夢見的。在關帝信仰中建立的關帝廟，遍布各地，今日發揮的作用，除去傳道意義，還有創造經濟效益的功能。比如荊州玉泉寺，本來就因智者大師與天臺國清寺淵源殊深，同系祖庭，即應拜山者多，僅東鄰創價學會一系，就信眾無量，香火之盛，自不待言。加上胡適為之編過《神會和尚遺集》的唐代大通禪師神秀墓塔也在附近，玉泉道場的再度興旺，似可預期。

美國聖地亞哥加州大學人類學系教授焦大衛（Davidk jordan）說：「我尊敬你們的這一位大神，他應該得到所有人的尊敬。他的仁、義、智、勇直到現在仍有意義，仁就是愛心，義就是信譽，智就是文化，勇就是不怕困難。上帝的子民如果都像你們的關公一樣，我們的世界就會變得更加美好。」大陸先進，破四舊立新功不要了。海外落後，支持了辛亥革命和抗日戰爭的僑胞們和臺灣的信眾們還要。關帝信仰給人們留下的思考和啟迪，是多方面的。

二〇一〇年四月九日，蘭州

紀曉嵐畢竟不俗

前輩說，《四庫全書》糟糕，但是紀曉嵐執筆的《四庫總目提要》卻好。特別是孫犁，就說這書必大行於後世。所以有閒的時候，就翻翻這部提要。

今天翻到的，是鄭剛中「《北山集》三十卷」，頗覺好玩。初集十二卷、中集八卷、後集十卷。合編則相連為書，共三十卷。初、中集自編，後集係其子鄭良嗣所編。剛中自序和良嗣跋語盡述書之原委。有清康熙年間，鄭剛中老鄉曹定遠重刻此書，遂成定本。

鄭剛中是浙江金華人，老家對他很好，除去曹定遠為其刻書外，後人還為他辦了一些事。比如當代，就有這樣的新聞：「鄭剛中墓為原金華縣文保單位，整個搬遷工程於二〇〇六年七月份啟動，二〇〇七年十一月份竣工，投資一百二十餘萬元，耗時一年零四個月。」當局認定，鄭剛中為南宋名臣，與岳飛、宗澤齊名，是金華在科舉時代唯一的探花，相繼任禮部侍郎、川陝宣諭使、四川宣撫副使等要職，為人剛正不阿，立主抗金，後受大奸臣秦檜所害。地方並請來了鄭氏後裔，「臺灣工黨主席鄭昭明，區委副書記張菲菲等出席了竣工儀式並拜謁鄭剛中墓。」然後就有互相的講話，說鄭剛中為民族英雄，令鄭氏後裔乃至全體龍的傳人所景仰，他的民族氣節和英雄氣概為後人敬佩，希望大家學習鄭剛中的愛國精神，中華民族要緊密團結云云。

鄭剛中有《北山集》、《周易窺餘》、《經史專音》、《論語解》、《孟子解》等著作行世。存詩六百八十首，康熙三十六年鄭世成刻本現藏北京圖書館，《金華叢書》及《兩宋名賢小集‧石羊山房集》等書中也散見一些。

他是二十四歲離開金華，對故鄉懷自然有感情，不過他長期在陝西、四川等地做官，對故鄉的思念多的時候只有借詩遙寄。其《懷山居》詩云：「春淺酒寒人密座，花深雨細蝶移枝。十年未解作歸計，此恨故園鶯自知。」他也回過老家，遊過當地名勝北山、大佛寺等，留詩曰：「終日徘徊得好涼，一懷炎暑變冰霜，會須日上出山去，更看芙荷生夜香。」

中了探花之後，鄭剛中因提出「以工代賑」之方針，緩解災情，被秦檜賞識薦舉，他的時政見解受高宗皇帝註意，不久連連升官。樞密院編修胡銓因請斬王倫、秦檜，禍在旦夕。鄭剛中參與營救，從此得罪了秦檜，但高宗賞其膽識，又給他升了官。

後來，鄭剛中擔任陝西分畫地界使，奉命到陝西與金使協商劃定疆界事。金使烏陵「贊謨入境，欲盡取階、成、岷、鳳、秦、商六州，剛中力爭不從；又欲取商、秦，於大散關之界，剛中又堅不從。據理力爭，面折金使。兀術遣人力求和尚原，剛中恐敗和好，以和尚原自紹興四年後不系吳地分，於是割秦、商之半，棄和尚原以與金。」這在歷史上是受到批評的。紀曉嵐說：「史稱剛中由秦檜以進，故於和議不敢有違。及充陝西分畫地界使，又棄和尚原與金。」

在高宗的支持下，鄭剛中主政四川。蜀中富饒，秦檜令獻金三萬兩並加派賦稅，遭到拒絕。秦檜怒其專擅，不聽命，讓侍御史汪勃奏置四川財賦總領官，以趙不棄為之，不隸宣撫司。不棄牒宣撫司，剛中怒，由是有隙。不棄頗求剛中陰事言於檜，檜佯召不棄歸，因召剛中。剛中語人曰：「孤危之跡，獨賴上知之耳。」檜聞愈怒，此後百計構陷，批下判書：「鄭剛中罪大惡極，依法當死，特免死、免禁錮，移封州（治今廣東封開縣東封川鎮）安置；鄭良嗣免死，柳州安置。」鄭剛中到了貶所，秦再指使其黨羽、封州太守趙成之一步步將他窘辱、折磨致死（見《續通鑒》卷一二八）。剛中卒於一一五四年，活了六十七歲。秦檜死後，鄭剛中得以平反昭雪，恢復其資政殿學士的官職，追謚「忠湣」。

談到《北山集》，紀曉嵐說：「今集中所載《諫和議》四疏及《和議不屈》一疏，大旨雖不以和議為非，而深以屈節求和為不可。又有《救曾開》一疏、《救胡銓》一疏，與史皆不合。徐夢莘《三朝北盟會編》於當時章奏事跡搜括無遺，獨不及此七疏。曾敏行《獨醒雜誌》雖記剛中與李誼等六人共救胡銓事。然但云入對使坐，亦不云有疏。或者良嗣恥其父依附秦檜，偽撰以欺世歟？諸疏之後，多良嗣附記之語，若斤斤辨白心跡者。是必於公議有歉，故多方回護，如恐不及。李綱、胡銓諸集亦何待如是嘵嘵哉！剛中《封州自敘詩》有曰：『我昔貧時冬少袴，四壁亦無惟有柱。自從腳踏官職場，暖及奴胥妻子飫。線引針入敢忘針，入室古云當見妒。』是始終不忘秦檜，剛中且自道之矣，亦烏可掩也。至其詩文則出於南北宋間，猶及見前輩典型。方回作是集跋，稱其文簡古，詩峭健，在封州詩尤佳。其品題則頗不謬云。」分析合情合理，和後人比，著實高明許多。

二〇一〇年四月二十八日傍晚

懷念鄭頌英先生

鄭老往生已經十年了。

十年來，對鄭老的懷想，一直是心裏念著的事兒。

找鄭老的人，在他住的地方打聽鄭頌英，回答是不知道，但當你說要找阿彌陀佛，大家就會把你帶到鄭老的面前。那是個誤會嗎？不是，一定不是。在心裏，我是以為，找到了鄭老，就找到了阿彌陀佛。也忘記了是怎樣聯繫到的鄭老，但知道是在我困惑的時候，聯繫上了鄭老，就聯繫上了阿彌陀佛。

在上個世紀最後的幾年間，我和鄭老有過一段書信來往。那是有往必覆的。那個時候，我知道鄭老是佛學界少有的大德，但不知道鄭老之可貴，更不知道，那幾年的時光，是多麼的可貴。

不知道當時的鄭老，是在極度疲累的情形下給我寫出來信的。不知道他已經身體欠佳，患有糖尿病、心臟病、高血壓等。不知道他為法忘軀，日日為佛教，夜夜筆耕到深夜，每天晚上寫文章到十一、二點，有時要到下半夜一點多。給我的那些信，也是那些時候寫的吧？八十多歲的長者，挑燈展卷，一筆一劃，一絲不苟……

鄭老給我寄來了不少佛學書籍。他叮嚀：「我們做護法的事，常在法喜充滿中，也在佛光攝照中！當向『定慧力莊嚴，以此度眾生』學習！」

本來有一個心願，就是有機會再到上海，一定得到二八一弄十二號去看看鄭老，摸摸照片上那張吃飯兼做鄭老寫字臺的方桌，那是安詳的鄭老親自給我寄來的照片。對著看，就真還看到了阿彌陀佛。陳海量居士一九八四年的詩作《贈頌英兄以伸敬仰》中說：「鐵肩荷擔佛家業，海內更無第二人。獨轉法輪甘盡瘁，從今大地又回春！」想念的時候，我拿出照片，也申我的敬仰和幸福。那時我不知道，這是鄭老在往生前滿我之願，給我發送的吉祥和幸運。我體味到，鄭老對西北，有著特別的感情，他曾在信裏和我說，一定要堅定信心，行好事，做善人。要警惕，要分清是非，決不能上邪教的當。

「靠墻是一張大床，中央是張吃飯的方桌兼做鄭老的寫字臺，旁邊是成堆的書信。鄭老與老伴兒孫三代五口，擠在三間房裏。『這幢二上二下的樓房是我當年用一百兩黃金租下居住權，樓下有客廳和會議室。樓上這間是佛堂，全是佛像、大藏經、大部頭經書，不放其它雜物，全堂很莊嚴的。旁邊是起居室。文革抄家，沒有佛堂了，樓下也被要去做了幼兒園，樓上旁邊一間別人也占住了。後來給我平反，當年被抄去的東西作價，說起來也挺有趣的，一隻鑽石金戒子只給了二分錢！哈哈哈』鄭老晃著兩根手指笑起來，像是在說別人的故事。『當年我在佛學社被逮去青海勞改，只有一件事回想起來後悔——那時我是做感光膠片廠的老板，我把大多資金用到事業上了，我很後悔當初沒把錢多投一些做三寶功德。』鄭老說起這些事就像發生在昨天，一臉的懊悔。這話不過是鄭老想做得更好罷了。鄭老是上海市佛教青年會創辦者。一九四五年起他就擔任上海市佛教青年會副理事長兼弘法部主任、《覺訊月刊》發行人，若不是他佛教事業做得積極，大家怎麼會看得中啊！」對照受鄭老陶冶的譚希賢先生的記述，我端詳慈容，感同身受。在早，他和趙樸初、李圓淨、方子藩等居士共同興辦佛教慈善事業，那是多麼大的功德。

鄭老在我們中間，阿彌陀佛在大家心裏。在鄭老的推介下，河南開封佛學社給我寄來了很好的刊物，讓我法喜充滿。

鄭老的心願收在《淨意室文存》裏。我的遺憾是這書出來後鄭老已經往生，否則，我會有一冊鄭老手寄的《淨意室文存》，但是這也沒什麼，遵循鄭老的教誨，老實念佛，不是最好的嗎？

《淨意室文存》介紹云：

千百年來，弘法利生，續佛慧命，龍象輩出，代有傳人。其高山景行的菩薩精神，使世人仰慕讚嘆！鄭頌英老居士正是這樣一位當代大心菩薩。老居士祖籍浙江寧波，幼習儒業，青年時期慕佛菩薩大慈大悲精神，胸懷崇高理想，皈信我佛，立志獻身佛法。老居士先於天臺宗大德興慈法師處受三皈五戒，後在密宗耆宿清定法師座下受瑜伽菩薩戒。半個多世紀以來，老居士廣涉內外諸典，解行並重，勤於筆耕，奮發有為；憑借其高貴的人品，踏實的學問，卓越的德行，以利生濟世的菩薩精神，在佛教界贏得了廣泛的贊譽，深為大家所敬仰。

誠哉斯言。一心弘法利生、為法忘軀的鄭老，一九五五年為佛教蒙冤被捕，後被發配青海勞改，一九八一年才得平反。

我去青海，路過浩亹農場，眼望遍地的油菜花，彷佛鄭老在其中拈花微笑，便覺得特別親切。心裏想起的是鄭老曾說過的話：「同在塘格木農場服刑，轉輾得到我染病住院的消息，海老即作詩鼓勵：臨刑入定，前有縲紲憨山；入獄勞改，權作閉關學禪。」據說，青海役中，鄭老等也有不少感應事，深悟係共業別業所致，陳海量居士則吟有大量詩詞，鄭老曾著文介紹。《懷鄭頌英居士》六首感懷尤深：

一

病榻殘燈夜雨聲，殷勤寄語慰離情。
可堪往事重追憶，月下同車上北京。

二

碧雲寺裡共徘徊，花徑無人長綠苔。
五百聖僧無一語，鶺鴒飛上石蓮臺。

三

縲紲度生思紫柏，臨刑入定仰憨山。
負經入獄尋常事，趺坐南樓學掩關。

四

文章經綸鄭居士，海上當年懸法幢。

燈下談經千指繞，夜深歸去帶寒霜。

五

身世誰憐李卓吾，焚書一帙獄燈孤。
子規啼血三更冷，覺道原來一字無。

六

同是如來座下人，千錘百煉不嫌頻。
苦修合是吾儕事，六代傳燈付負薪。

鄭老說，陳海量居士出身書香門第，幼時受家庭嚴格的國學教育，少時即能詩善賦，留下許多佳作。一九五五年遭受冤獄後，在獄中又作詩述懷，自行編集，取名《秋聲樓詩集並序》，後交獄友帶出，得以保存。詩為其心聲之蹤跡。明珠暗投，蒙塵經年，讓其重放光芒，流傳於後世，筆者誠是責無旁貸者矣。

鄭老當時留在農場職工醫院，院長等待他很好，他幹的活，也就是寫寫板報、發發藥，實際上沒有吃多少苦。一九六二年秋，有人為鄭老看相，說明年他可以回上海。鄭老也積極爭取，並給趙樸老寫信。一九六三年三月三日，上海市高級法院發文：「提前釋放，回原處」。

他在青海被關了四年半。他曾回憶說：

一九五五年八月，中國佛教協會召開第二屆代表會議。方子藩、鄭頌英、李行孝、陳海量四人，作為上海佛教青年會的代表同時赴京參加會議。在左的路線指揮下，佛教青年會被打成反革命集團，我們四人在會上被批鬥。就在九月五日的歸程中，車到上海真如，鄭、李、陳三人被捕。上海佛青在大批判中隨即結束了。直至一九五八年八月下旬反右時，經過三年的關押，我們四人才在市中級法院同庭受判重刑。金剛道場的清定上師無期徒刑，海量居士二十年，行孝居士五年，我十四年。判決後即被押赴青海勞改農場服刑。雖同在海南塘格木農場，但分隔甚遠。就在二十五年的囚衣生涯中，海量居士創作了大量的詩篇，後他自行遴選出一百四十九首，結集作序，命為《秋聲樓詩集並序》。這詩集是他文藝才華的精萃，囚徒生活的記錄，也是精進禮佛的心聲。

鄭老把所有積極的方面都歸於佛的加持，佛法的感應。他是真誠的佛弟子。

二〇一〇年四月二十九日

周汝昌替林黛玉打架

據張放《課堂下的講述》稱，周汝昌在四川大學任教時單身，常到川大東門外與文里老街巷的小飯館就餐。一日，行至與文里北頭，擡頭看見一家新飯館開張，門頭赫然一匾，上書「瀟湘館」仨字，周先生怫然不悅，上前要求店主摘下招牌，並說明，這是《紅樓夢》裏林黛玉芳居名諱，如何可以將之作為路邊俗人飯局的招子呢？店主當然不買眼前看上去有些迂執的窮酸教書先生的賬，言語還有諷刺挖苦的意思。汝昌先生於惱怒中擲下一句話：「你不願摘，我會請人幫你摘掉。」一言罷轉身遁去。不一時，店主見人潮湧至，喧聲震耳，原來是先生率領川大百餘名學生（都是紅學迷）呼嘯而至，先生一馬當先。店主亦聰明人，知道惹了麻煩，遂誠懇道歉，乖乖同意摘牌更名，請教周先生用何名為宜，周先生餘怒稍解，親自握管，為飯館量身題名，並志吉喜。此後先生及弟子常來此店就餐，店主竊喜云。

無獨有偶，因「瀟湘館」被用作飯館名而不高興的，還有西南聯大時期的吳宓教授。當時吳宓為聯大學生講《紅樓夢》共七次，還接受昆明廣播電臺邀請，播講《紅樓夢之文學價值》，推動了當時大後方的紅學熱，據汪曾祺回憶，吳宓講「紅樓夢研究」，有後來的女生沒有椅子坐，他看到後，就去旁邊的教室搬來椅子，等學生都坐好，才開始講課。一些有風度的男生也追隨老師去搬凳子，傳為美談。吳宓常把自己比作《紅樓夢》中的賈寶玉。顧毓琇有「千古多情吳雨僧」句，吳宓字雨僧，同事取笑他是「情僧」。

吳宓並不因此惱怒。在西南聯大，廣為流傳著吳宓教授的一個故事：聯大新校舍對面，有一家湖南餐館，名曰「瀟湘館」。吳宓見後大怒，認為是玷辱了冰清玉潔的林黛玉，竟然動粗搗爛了人家的窗戶，砸了店家的碗碟，強令改名。此故事的另一版本說，一天，吳宓發現有個飯館，有匾額「瀟湘館」，他進去見裏面都是喝酒划拳的，就說，叫老板來一下。老板說，先生有何指教？吳宓就說，你看這樣行不行？我給你一些錢，你把這個名字改了，別叫瀟湘館。老板問怎麼了，「林妹妹會難受的」，吳宓回答。因為林妹妹的瀟湘館是有幽幽篁竹，適宜吟詩的地方，怎麼能划拳？

晚飯後信步，見街巷有店，懸匾曰「菊香書屋」，思及張放書並網絡間的「菊香書屋」，不禁莞爾。黛玉數百年後，尚有汝昌先生為其維護芳居名諱，太祖豈比不得黛玉乎？然而又深自慶幸，倘要再維護起來，豈非大難？復不禁祈禱：莫要攘臂，莫要維護，一名而已，一匾而已，且夫高懸，無關宏旨，無關大局。善哉，善哉。

二〇一〇年二月八日

日記裏的青年胡適

據《藏暉室札記》所述，青年胡適常吃「花酒」，一次清早醒來不竟不知身在何處，看見鐵欄在旁，才恍然大悟：前一夜飲酒滋事，被帶到警察局待了一夜。另按，胡適在留學日記的重印後記裏，曾明確表示，自己反對中國文人用某某室、某某齋作書名的習慣，故而之後，他的著作就只以胡適名之了。

安徽教育全編本胡適日記第四冊一九二三年，有如下記述：「沫若邀吃晚飯，有田漢、成仿吾、何公敢、志摩、婁世安，共七人。沫若勸酒甚殷勤，我因為他們和我和解之後這是第一次杯酒相見，故勉強破戒，喝酒不少，幾乎醉了。是夜沫若、志摩、田漢都醉了，我說起我從前要評《女神》，曾取《女神》讀了五日。沫若大喜，竟抱住我，和我接吻。」創造社諸君之性情，躍然在目。看看這時期的親密，無論如何無法想像後來大家的結局。志摩從飛機上跌落，田漢的詞作了國歌，後來是蒙冤而死，胡、郭各歸其主，都有兒子在五十年代後遭罪，父為子傷心，心痛有加。

青年胡適還因為看淫穢書而使身心受損，後來幡然醒悟。胡適先生在一九三六年說過：「我完全保存札記，這裏面有許多年輕人的自喜，誇大，野心，夢想……這樣赤裸裸的記載，至少可以寫出一個不受成見拘縛而肯隨時長進的青年人的內心生活的歷史。」

要說明的是，先生極力推崇寫日記、寫札記，以為這是在保留「自言自語的思想草稿」，他說無論怎樣忙，都要抽出時間來，寫日記、寫札記。他在一九三六年寫的留學日記序言裏說過：「要使你所得印象變為你自己的，最有效的法子是記錄或表現成文章。」這是一個有志並想幹一些事的人，特別是年輕人需要學習的。

二〇一〇年二月十六日

袁鷹的舊時風景

收到譚宗遠先生寄來的這冊書，大喜過望。兩個沒想到：沒想到是八十多歲長者的親筆題簽本，字跡蒼勁灑落，白文圖章雅致，可貴之極。沒想到這書印得這麼好，布封精裝，正體宋字作了書名，恍然民國間物也。

三十年前，高中語文課本裏選入的《井岡翠竹》，是我最早讀到的袁鷹作品，那時候覺得，字字珠璣的文字，應該是文曲星散落人間的，那其中的意蘊，是人世間至美的。現在給學生上課，八十八歲的先生一九六一年九月在蘭州寫下的《伐子》正選在課本裏，就在最前面。哦，我出生的那年那月，先生正在我的故鄉，可巧的緣份。黃河邊的水車，黃河上的伐子，過伐子的雁灘，熟悉的不能再熟悉，這文章，也親切的不能再親切了。激越的感情，深邃的思想，一人一事，一景一物，那艄公，那黃河的主人，印在心裏，文不足千字，情撐滿河山，看著書本上配插的黃河和羊皮伐子，腦際湧出王國維的詩句：

兩條雲嶺摩天出，九曲黃河繞地回。
自是當年遊牧地，有人曾號伏羲來。

《上海灘上舊巢痕》是袁鷹先生最近的書，記述著先生一九三三～一九五二年間的事。先生說，他青年時代在上海生活了十五年，前後卻住過十幾個地方。俗話說，樹挪死，人挪活。先生的挪動，自然不是他所願意的，在那個動蕩的歲月裏，變動不居，才是常態。側身在七十六號魔窟所在的位置，哪裏談談得上安穩的睡眠時節。但是風水不管人事，如先生所言，或長或短的時間，都融入了生命，歷歷在目，既惆悵，也溫馨，真個是「新樹枝頭迷望眼，白頭猶覓舊巢痕」，耄耋長者的著述等身，自然不能略去生命中血與火淬煉過的日月。不能說那些成就了先生，但是不能忘懷於這冊雅致的小書，銘感不已的袁鷹先生，卻是讓人動容的。先生說，他是在上海從「孤島」到完全淪陷的七八年間在上海讀完中學、進入大學的，「上海對我的哺育、教育之恩，我是永遠不會忘懷的。」

《上海灘上舊巢痕》選了袁鷹先生十五年間住過的十個地方敘述，當然有人有事，期間，父親和長姊與青年袁鷹在一起，和大家同慶抗戰勝利「漫卷詩書喜欲狂」的情味，先生和二弟頤春擠在一張小床上過夜、怡怡手足，縱然只是讓弟弟帶上幾個鹹鴨蛋以饗友人，也溫暖一生的情景，不足三平方，一張雙人桌，一把木椅之外再也放不下別的東西的小耳房，已讓先生「相當心滿意足」的場面，做的是老師，辦的是報紙，相交的是趙丹、夏衍、艾蕪，聽臧克家談詩歌，接手是馮亦代編輯《世界晨報》、《聯合晚報》的班，後來是《解放日報》，《人民日報》的工作，都是一唱三嘆的事。舉例子，可拈出這樣一個：那是抗戰勝利前後，「住入景華新村不久，同窗好友、後來結為終身伴侶的吳蕓紅有一天來看我，說起她家兩年前也住過景華新村，而且竟是貼隔壁，她家住二十五號，我們住二十七號。看來景華新村同我真是有緣，六十年來還時常進入凌亂紛繁的夢中。」

十篇回味，附著十篇當年的文字，是當日的影像存錄，彌足珍貴。若非長者親自應允，親自剪裁，我們如何見到。一邊廂白首話當年，紅塵淡淡，一邊廂冰封原汁，鮮活生猛，太平日子裏的我們看看烽火歲月，想想，便不說教益，是享受也是榜樣。鼎革後，出差後的袁鷹信手寫出《丁丁遊歷北京記》，在吳雲紅編的《新少年報》連載，結集後連出三版，反響強烈。五十三年後，當年的初版書再見作者，袁鷹情不能已，握管題簽，說是「感謝又復感動」。譚宗遠介紹先生故事裏說：「袁鷹後來又完成了一本寫北京的書《京華小品》，這其中的故事，又可以寫成一篇文章。」還想著讀，可惜找不到。所幸的，是書上附有袁鷹著作的書目，按圖索驥，或可再飽眼福。

二〇一〇年六月十一日初稿，是日天朗，臺北版《書蠹生活》二校稿觸手，工餘手記。六月十三日傍晚修訂於彩霞流溢的夕照滿天中。

山似英雄水美人

吾鄉僻遠，自古號為西域。《尚書》裏說，大禹導弱水至於合黎，《山海經》裏也說，昆侖之山，弱水環繞。是荒遠了些。然而從古至今，詩人行吟，不絕如縷，亦差可慰此土斯文。

屈原有「吾令羲和弭節兮，望崦嵫而勿迫。」的句子，魯迅集《離騷》句寫出聯語云：「望崦嵫而勿迫，恐鵜鴂之先鳴」。用現代語體說，就是望見日落之山崦嵫，別急於靠近，害怕報曉之鳥鵜鴂先鳴叫起來。這是在感嘆時光易逝，流年似水，教人珍惜時間。那「崦嵫」，就是現在山丹縣境內的焉支山，古文裡以為那是太陽的老家。諺云：崦嵫日，垂垂沒。陶淵明在戰火飛揚「中原血，沒腕中」的年月裏來過這裏，其《擬古》詩云「少時壯且厲，撫劍獨行遊。誰言行遊近？張掖至幽州。」後可見是極遠，不然他也不會以到過這裏來誇耀的。後來的時節，無論是民間和官方，也無論是胡人還是漢人，大家都多有歌詠：

失我焉支山，
使我婦女無顏色；
失我祁連山，
使我牛羊不蕃息。

胡馬，
胡馬。
遠放焉支山下。

再尋覓，就更有聲有色了。

或曰：大漠孤煙直，長河落日圓。

或曰：葡萄美酒夜光杯，欲飲琵琶馬上催。醉臥沙場君莫笑，古來征戰幾人回。

那個時候，西域的葡萄美酒，普通人是無法享受的，從這一點來說，《涼州詞》中那些可以痛飲西域葡萄美酒的將士們還是有口福的。氣度恢弘，絕對英雄。雖說是「春風不度玉門關」，卻也會人文斯遠，豪情萬丈：「新栽楊柳三千里，引得春風度玉關」。

陸游也寫過《涼州詞》：「壚頭酒熟葡萄香，馬足春深苜蓿長。醉聽古來橫吹曲，雄心一片在西涼。」

是啊，英雄氣短，兒女情長。高華如于右任先生者，來這裏的時候，留下了一句可以讓山讓水讓後人忘不了的詩句：山似英雄水美人。這詩句，簡直可以和李太白「天若不愛酒，酒星不在天。地若不愛酒，地應無酒泉」的名句媲美。

那年先生一路行來，一路歌吟。登上嘉峪關前長城，遠望之餘，走筆賦詩：

天下雄關雪漸深，烽臺曾見雁來頻。
邊墻盡處掀髯望，山似英雄水美人。

他把這詩抄給了大書法家沈尹默。後來去新疆，再度飛躍這裏，他益發詩興大發，寫出《敦煌紀事八首》，當時名家，紛紛唱和。一代名宿汪東和詩《題敦煌紀遊詩稿》云：

山似英雄水美人，千秋無此語清新。
美人蕭瑟英雄暮，感慨登臨一寫真。

大漠之山，英雄了得，是大家知道的，山上的碑碣上也刻寫著「萬山之祖」的紅字。西域的水是向西流的。從我家門前流過，河西走廊最大的河流弱水，就是內陸河。說大，只是是相對而言，實際是水量不很多。不過，由於穿行在大漠戈壁中，營造出一個個綠洲，就顯得格外美麗，以至於于右任頌為美人。弱水的盡頭，就是居延海，送神舟飛船上天，圓飛天夢的東風發射場，就在那裏。至於這裏的女兒，陸游做夢的時候，其實是見到過的：「涼州女兒滿高樓，梳頭已學京都樣。」後世名家中，弘一法師也有極妙的好詞來寫。

翻檢藏篋，見弘一師在剃度前，曾有詞憶焉支女兒：

菩薩蠻

乙巳七月，將南下，留別翠喜。

其一

焉支山上花如雪，
焉支山下人如月，
額髮翠雲鋪，
眉彎淡欲無。

夕陽微雨後，
葉底秋痕瘦，
生小怕言愁，
言愁不耐羞。

其二

曉風無力垂楊懶，
情長忘卻游絲短，

酒醒月痕底，
江南杜宇啼。
癡魂銷一撚，
願化穿花蝶，
簾外隔花陰，
朝朝香夢沈。

在汪東的《寄庵隨筆》裏，這兩闋詞的題目是《憶楊翠喜——菩薩蠻》。據林子青《弘一大師年譜》，那年是一九〇五年（光緒三十一年・乙巳），二十六歲的李叔同雪月風花，浪漫到了極處的時候。地點在上海，來自焉支山下的歌伎翠喜姑娘，是打動了濁世佳公子的。翠喜得此頌歌，一世一生，可云足矣。此後李叔同東渡日本，歸國後，出家，持律甚嚴，成為一代祖師。汪東說「弘一法師已經證如究竟涅盤，而我們尚傳其風懷之作，得非口過耶。」普希金說，而那過去了的，都會是美麗的回憶。華枝春滿天心月圓的先生，會在極樂蓮花上笑看塵世的後人，願他們幸福。

二〇一〇年二月六日晚間寫畢
是日小年，行祭書之禮於弱水軒

荷香深處抱書眠

一月五日，好友劉學文寄來的書收到了。是學文同籍的范風書老先生晚年的傳世之作《中國私家藏書史》精裝本，我有一個習慣，就是在書上寫幾行字，以應心景。這次寫上去的，是「荷花深處抱書眠」。清代張英的詩，詩題是《送錢飲光歸里門》，知道是應景之作，但是這一句太好了，讓人著迷。原詩為：

湖海人歸已廿年，卜居猶待賣文錢。
欲諧禽向三山約，須覓樅江二頃田。
花雨紅時攜鍤往，荷香深處抱書眠。
剪燈頻話家園好，未遂滄浪意惘然。

飄然湖海山林，宦途如夢，卜居退耕，高華磊落，舒捲自如，是超凡入聖的浪漫風雅和自然畫卷。張英，字敦復，號樂園，桐城人。康熙丁未進士，改庶吉士，授編修，官至文華殿大學士兼禮部尚書，謚文端，有《存誠堂詩集》行世。我沒有張英的集子，有的是古今第一妙人徐世昌大總統的《晚晴簃詩匯》，這也夠了。

也是在書上，去年夏天，給友人寄書的時候，我隨手抄寫過一句詩，「萬柄蓮香一枕山」，收到書後，友人特地來信，說那詩抄得好，和書很相宜，還恭維了字。我有自知之明，知道字並不好，說好，是朋友在照顧我的面子，可是詩卻是真好。不久我收拾書稿，就用了詩的最後兩個字，題作「枕山」。因書結得詩緣，由詩再續書緣人緣，大是妙事。原詩題作《北塘避暑》，作者是韓琦，詩曰：

盡室林塘滌暑煩，曠然如不在塵寰。
誰人敢議清風價？無樂能過百日閒。
水鳥得魚長自足，嶺雲含雨只空還。
酒闌何物醒魂夢？萬柄蓮香一枕山。

韓琦，北宋名相也，詩文並著於世，和范仲淹深有淵源。在軍政國務的處理上，說得上是黃金搭檔。早年在邊關，天下人共傳「韓、范」，民間歌謠謂：「軍中有一韓，西夏聞之心骨寒。軍中有一范，西夏聞之驚破膽。」范仲淹主持慶歷新政，韓琦是積極的參與者，他們一起書寫了不錯的歷史。韓琦「相三朝，立二帝」，當政十年，與富弼齊名，號稱賢相。歐陽修稱其「臨大事，決大議，垂紳正笏，不動聲色，措天下於泰山之安，可謂社稷之臣」。更值得稱道的，是韓琦酷嗜讀書，專建萬籍堂藏書，家人亦深受其惠，自他開始四代中三居宰相，子孫家風不墜，藏書綿延宋元兩代三四百年，極為罕見，成為中古歷時最久的藏書世家。其實不光是我，和我的友人，喜歡這詩的人古今都有，就是在前兩年，一幅以「萬柄蓮香一枕山」詩意為內容的「納涼圖」，還獲得過大獎。讀書人不喜歡蓮花的似乎少。友人收拾新居，向我要一幅蓮花圖，要掛在書房茶室裏，我覺得白蓮好，唐詩裏說：「秋池雲下白蓮香，池上吟仙寄竹房。閒頌國風文字古，靜消心火夢魂涼。」就倩人畫了一幅，書題「淡淡菡香淡淡風」，畫未必佳，意卻真是好。

夏日西湖，蓮葉接天，荷花映日，我和妻子在那裏留影，背景就用了滿湖的荷花。畢竟西湖六月中啊，很醉人的風景。

我裝修屋子的時候，有幾處圖案不很好辦，選封戶門了，定不下來，正好有一喚作金荷圖的樣式，團圓美好，遂定。現在我回家，首先迎接我和家人的，就是是那盛開的金蓮花。還有屋頂上的燈飾圖案，臥室裏的壁櫃圖案，我也都以荷花為主。我的書架上，還有從澳門帶來的金蓮花雕塑，滿屋子的書和上荷花的清香，我，也能說是「荷花深處抱書眠」了。有趣的是，拙編《弱水讀書記》出版的時候，未通音訊更不識荊的美術家蕭玉蘋小姐設計的封面，也是魚戲蓮葉圖，我當然高興，這好像是天意如此，我願得遂。

想起慧遠大師和他的白蓮社了。蓮花世界，自然清淨。《世說新語》裏說：「遠公在廬山中，雖老，講論不輟。弟子中或有惰者，遠公曰，『桑榆之光，理無遠照，但願朝陽之暉，與時並明耳。』執經登坐，諷誦朗暢，詞色甚苦。高足之徒，皆肅然增敬。」遠公是整個世界淨土宗的始祖，公元四〇二年，慧遠大師組織了「白蓮社」，此後中土家家阿彌陀，戶戶觀世音風尚的形成，自是遠公首倡。作佛教徒，我不夠格，但是那份對白蓮花的向往，卻是從心裏有的。其實不僅我有，就是古今隱逸之宗的陶淵明，也是這樣。黃庭堅的詩專門說過這個事，《戲效禪月作遠公詠》序稱：「遠法師居廬山下，持律精苦過中，不受蜜湯，而作詩換酒，飲陶彭澤。送客無貴賤，不過虎溪，而與陸道士行，過虎溪數百步，大笑而別。故禪月作詩云云，故效之。」詩則曰：

邀陶淵明把酒碗，送陸修靜過虎溪。
胸次九流清似鏡，人間萬事醉如泥。
（《黃山谷詩集》內集卷十七）

他又有《謝答聞善二兄九絕句》說到這個事：

莫作叫號驚四鄰，甕中有地可藏眞。
淵明醉握遠公手，大笑絕倒人不嗔。」
（《豫章黃先生文集》卷七）

杜甫也表達過同樣的意見：「得似廬山路，真隨慧遠遊。」後人把這個故事畫作一圖傳世，蘇軾遂有《石恪三笑圖贊》：

彼三士者，得意忘言。
盧胡一笑，其樂也天。

嗟此小童，麋鹿狙猿。
爾各何知，亦復粲然。
萬生紛綸，何鄙何妍。
各笑其笑，未知孰賢。

林語堂在《生活的藝術》裏也對這事的評價是：「這象徵著三位無憂無慮的智者的歡樂，象徵著三位宗教代表人物在幽默感中團結一致的歡樂。」這裏說的宗教，當然是儒釋道三教。儒家養性，佛家忘性，道家任性。其中的智慧，真的是欲辨已忘言。

扯遠了，就此打住。蓮花與書，與世界人生，與讀書人的因緣，是說不完的。好在前人說的已很多，我說與不說，都不要緊。且看學文的書去也。

二〇一〇年一月七日晚間寫畢

江山如畫又今朝
——蔡登山《民國的身影》書後

上個世紀七十年代，英國歷史學家湯因比和日本的宗教活動家池田大作，有一場著名的對話，對話涉及了人類社會、當代世界所有最迫切的問題，並特別談到了中國在未來世界中的作用。湯因比說：「世界的統一將在和平中實現。將來統一世界的人，要具有世界主義思想，同時也要有達到最終目的所需的幹練才能。世界統一是避免人類走集體自殺之路。在這點上，現在各民族中具有最充分準備的，是兩千年來培育了獨特思維方法的中華民族。」讀過這些話後，不免發問，中國人，你何德何能？現代和以後的中國人，有這個能力嗎？

湯因比在另一部書《歷史研究》中談到中國模式時說：「孔子是位保守主義者，他從未夢想過中國會實現有效的政治統一。秦始皇的事業或許讓他震驚，漢高祖劉邦修復統一一事也不見得會使他多麼高興。孔夫子如同柏拉圖和亞里士多德，視政治分立為正常現象。」他還說：「在公元前二二一年政治統一之前，中國早已實現了文化統一。在這方面，中國最偉大、最富創造性的思想文化運動發生在兵連禍接的春秋戰國時代，即完成政治統一之前。這是包括孔子在內的幾乎所有中國哲學學派奠基人所在的時代。」湯因比的研究方法和他對中國文明的認識，當然有局限，但是把他所說的做參照，來講說離我們最近，影響也最大，在記憶中未曾離去的一個時代，卻極有意思。當然，說我們生活於其中的現在，也未嘗不可。

這就是民國。那是近代中國的一個「戰國時代」，亦兵連禍結，民不聊生，但近代「中國最偉大、最富創造性的思想文化運動」也發生了，學術巨子，政黨領袖，軍事天才，粉墨登場，演出了波瀾壯闊的近代民族復興的宏大劇。孔子是生活在無義戰的春秋時代，他周遊列國，或退而辦學，一直在推銷和傳授他以仁義禮智為核心的的治國理想，他是魯國人，如果有哪個國家同意，他都願意去推行他的一些想法。他向往周公時代的安定和諧。在精神上繼承了孔子的民國學人們，遭際比先師更慘，或沙場，或文壇，或政壇，或犧牲，或倖存，或曲線，或直線，只是沒有再出現一個孔子，倒是列強退出，國家強大，現在則社會安定。孔子之夢，部分得以實現。這個時候的孔子，是大家做成的。當代中國「最偉大、最富創造性的思想文化」都湧現在那個時代。世事轉移，海峽深淺，然而中國文化何曾隔閡。

那麼蔡登山先生的《民國的身影》，就有特別的意義。這書的底子在於前此一九九三年開始籌拍的紀錄片《作家身影》，二〇〇二年起製作的《大師身影》，在於此前問世的十數本書。我從網上調看了《百年塵埃：張愛玲〈色，戒〉》的大部分內容。蔡登山的史料鉤沈之功，和到張愛玲生活過的地方去尋訪體驗的認真，讓人有瞠目結舌的感覺。惟其如此，張愛玲及其作品，醞釀修改垂三十年之久的迷霧才被一一廓清。《色，戒》裏的易先生與王佳芝，實在是張愛玲、胡蘭成一段情緣的再現，蔡先生的揭示是準確的，真實的。意味深長的地方在於，有了這一番探尋，千百萬張迷的幸福，會添加許多，那麼蔡先生，可不就是這杯幸福之酒的釀造者？

二三十年的努力，他的不二法門是「貼近內心」加上「同情的了解」。他把他們合起來，看做民國，把他們的身影叫做「民國的身影」，就再貼切不過。書的封面和封底上是「為中國戲劇拼盡一生的余上沅」，頭微微傾，一襲長袍，手插入衣，瀟瀟灑灑，矚望著前方。曹禺、吳祖光這些著名的劇作家，對余上沅的評價，都是極高的。這個人幾乎是被忘記了的，而當年的文化大家，從文化部長、大師到普通民眾，都是認得他的。後來被關進牛棚，「在鄉下他病了，非常想吃點肉，回到上海時，老妻集全家肉票買了肉，燒好了慰勞他。一見到肉，他情不自禁地舉筷揀了一塊，張口就要吃，卻又不吃，把那塊肉放回碗裏。老妻再三勸他：『吃呀！吃呀！』他嘆口氣說：『造反派勒令我不准吃肉。』其實，吃了又有何妨？但他卻還是搖頭說：『還是忍忍吧，萬一他們知道，那皮肉之苦受不住……』老妻問他：『他們時常打你？』他連連搖頭否認。可是洗澡時偏巧叫老妻發現，畢竟掩蓋不住啊，那渾身上下的青紫塊不是最好的證明嗎？妻子哭了。」照片上的余上沅和蔡登山筆下的晚年余上沅，有多麼大的反差？是天上和地下嗎？我們多災多難的民族，毀掉的有多少個余上沅？

董橋談到朱樸舊事的時候說：「早年林海音先生跟我說起過蔡登山，說他用功得很，整理舊人舊事資料最周全，從此，報刊上一見蔡先生文章我必讀。」蔡先生的文章近幾年才在大陸流傳開來，僅就我讀到的看，他的資料搜集是一網打盡式的。今年七月份後，蔡先生給我發來新作《雛鳳清於老鳳聲——也談趙叔雍》、《性毒文章不掩工——也談黃秋岳》，這方面的感覺尤其明顯。他在來信裏說：「今天我並在《古今》雜誌上看到他寫的《人往風微錄》十篇，談的都是詞學大家像朱祖謀等人。趙叔雍雖曾在汪偽任官，但仍有功於詞壇，實不應以人廢言的。」我讀過文章後，在覆蔡先生的信時說：「當日從龍之臣，人格多佳，趙亦其中之一也。趙氏於政治之外，多詞壇建樹。華章疊有，可謂卓越。但其際遇，隨時代蹉跌，等身著作，堙沒者多，身世亦復如是，誠可浩嘆。陳原謂，晚際獨喜讀淪陷時期書刊，良有以也。陳原在《人書情未了》序言中曾說，十三年前，自三聯編政撒手後，六十五歲的他，有了些閒時間的時候，在紐約，更多的，主要是看上海『孤島時期』前後若干年的舊書舊刊，原因是早年在上海灘混日子，腦子裏有一大堆解不開的謎。其實何止是陳原，現代真的讀書人，對那個時代，心裏都存著解不開的謎。我們的今日，是來自於那個時代。先生釐清迷霧，誠有功於學術，有補於歷史，亦趙氏之勳臣也。趙氏三代有知，當會感念。先生大作，亦破迷之作也，先睹為快，我之幸也。」這是心裏話，對於趙叔雍，內地出版物刊載的文章連生卒年也多沒有弄清楚，遑論其他，蔡先生謙稱自己的文章「查考當年與他有過交往的人士，梳理出一些線索，或可拾遺補闕也。」實際是他以近萬言的篇幅，搜盡了目前能找到的關於趙叔雍的資料，還原了一個鮮活的趙叔雍。趙氏交四十年之久的老友金雄白眼裏「可愛處全在不拘繩墨的那一份名士風流，能豪飲、能談笑，一肚子的書，一肚子的當代名公鉅卿的遺聞軼事，說來莊諧雜出，使人聽而忘倦」的一代名士，就此書林有述，可不慶歟。

二〇〇六年，蔡登山在見過了九五高齡的徐芳老奶奶後出版《中國新詩史》、《徐芳詩文集》，前一冊是七十年前胡適交給趙景深，沒有來得及出版的，作者徐芳是「胡適及吳宓的日記、顧頡剛的年譜、張中行的回憶錄、施蟄存的序跋，都提及」的女詩人徐芳。「在三十年代，寥若晨星的女詩人之中，林徽因、冰心以降，徐芳是顆被遺落的明珠。」同年十月，蔡登山「從早已昏黃的報紙中，翻找出」鄭振鐸早年的戀人、鼎革時期被列為戰犯的政治學家張君勱的夫人王世瑛的作品，首度編定出版了《消逝的虹影

——王世瑛文集》。王世瑛是當年北京女子師范大學的學生會主席，冰心、廬隱的好友，是新文學女作家中閃亮的星座，「只是人們忘卻她已經近乎一個世紀了！」蔡先生興滅繼絕的無量功德，還使得四十年代與張愛玲齊名的女作家梅娘往事還原，迷霧廓清。梅娘是柳青的母親，「柳青被作家史鐵生視為『自己寫作的領路人』。」二〇〇五年，譚宗遠兄在京城辦全國讀書年會，梅娘曾經出席，譚兄之後，讀蔡先生這篇文章，痛快之至。

《民國的身影》關注人物的內心世界，這個世界往往和學術、和思想緊緊地聯繫在一起。西域地理，顧頡剛先生有很好的見解。未料《五十年來千斛淚》一篇卻告訴我，顧氏邊疆地理研究的淵源，卻來自相戀五十年的學生譚慕愚。按照顧的自述，是受到譚的感動，「遂有研究邊疆問題之志。」好友吳浩軍《酒泉地域文化叢稿》中收有相關文字，現在我告訴他這一發現，一定會開心一場。《民國的身影》開篇述張競生，張出版《性史》，被潘光旦批評，和周作人交惡，然而他是中國倡導計劃生育的第一人，也是中國性學研究第一人，是中國人口學、性學領域的拓荒者。張競生擬建過中華農民黨，可惜沒有弄成。「這位在二三十年代名震大半個中國、一九四九年後也被國家按『高知』優待的學者，遭遇的卻是個人寫給妻子的信件和錢物遭到農會截留，妻子竟然在聽到流言後拋下最大十三歲、最小才兩歲的幾個孩子悲慘地自殺，張競生也在八十二歲的一九七〇年一個人死在村子的草屋裏，被幾個不認識的人埋葬。《民國的身影》裏有兩篇文章寫到了張競生，和遲至一九九八年出版的上下兩卷《張競生文集》合起來，「宛如人間蒸發般地消失了半個多世紀」的張競生，或許可以「活」過來了。民國未遠，日月斯長。來所從來，去所從去。書講的是別人，呼喚的是良知，糟蹋過了的文明，要一點點修復，蔡先生說，欲待相忘怎忘得。

文筆情深魚素美

滿天大雪之際，又收到了寄自進賢的南昌鄒氏農耕筆莊的郵件，打開，是《農耕筆莊魚素》第四十六札，《文筆》二〇〇九秋之卷，總第十期。這是書刊，又不是書刊。說是書刊，是實實在在的刊物。說不是書刊，是因為到來的，是故人的魚素，是朋友的情誼。

從創刊的那一天起，給友人寄書，就成了農耕兄的牽掛。從第一封魚素寄出，到第四十六封魚素收到，是三個年頭了吧？從沒有間斷，從沒有割捨。

親人間的音問是這樣的嗎？朋友間的友誼是這樣的嗎？君子之交，萍水之交，其淡如水，其密如綿。說感謝，都顯得生分了。那麼就不說吧。

草原上見到農耕兄的時候，為他的氣質所服，我曾為他攝得照片一幀，影集裏的鄒兄，憑綠遠眺，彷彿在思索中。差可方擬的是《文筆》二〇〇九年十一期中的好詩：「一枝舊竹映春秋，未敢試鋒憂白頭。才得些些香墨意，豪情已把大千收。」

今天落筆寫這些文字的時候，翻騰起來的，是四月二十九日收到過農耕兄發來的函件，當時有記云：見鄒兄文字，眼為之熱。遙念遠方知音，陽光下讀得佳書，福之始也。以下是鄒兄文字：

岳年兄文鑒：雖聞問見疏，昨收到贈來大著，為之一喜。讀畢自序，兄之書生本色如在面前。現在能持兄之態度而讀書者，寥寥也。自內蒙一敘，轉而江西讀書會，在下自患所謂讀書會，亦不過「春潮魚」。由之性情見懶，還是看幾頁自己喜歡的文字好。兄其實已這麼做了。

此頌

農耕上

二〇〇九年四月八日

那天同時收到的，還有西安武德運先生的來函：「倏忽已近三年，時間過的真快！讀書人愛的就是書，有新書出版，可喜可賀。我有機會見到，當然非常高興。進賢、淄博年會，你未能前往，想必是不在假期，難以分身。不過你未去，就等於甘肅沒有人去，是有點遺憾。來時方長，但願還能有見面的機會。」

武先生說的三年前，是二〇〇六年在呼和浩特舉行的全國讀書年會，就是那一次，和農耕兄訂交。進賢、淄博年會則是後來兩年的年會，我因故都未能前往，留下了深深的遺憾。特別是農耕兄費了心血組織的進賢年會，聽朋友們後來說起，是歷年來辦得最好的。李傳新兄有專文《筆都之旅褒盛會》報道，盛贊「文港被稱為『華夏筆都』，以農耕筆莊為紐帶的『天下第一筆莊·中國毛筆文化博物館』已然大觀，進賢讀書年會，「實在是大手筆。」

有多少個午間，還有晚間，或是其他是時間，我在魚素上寫寫畫畫，圈圈點點。為之欣喜，也為之憂郁。

二〇〇七年七月二日，農耕在「國家圖書館晤任繼愈。任先生為毛筆文化博物館題寫館名。任先生捧著寫好的『中國毛筆文化博物館』墨跡說：『這是非常有意義的事，從古至今，沒有毛筆，中國文化何以傳承，沒有毛筆，文人心息何以遠託，古人『書如其人』之論非常精妙，人品不高，境界不高。人品不端，下筆偏激……祝中國毛筆文化博物館圓滿成功。』」老人去了，境界猶在：「中國有五千年歷史，不能需要的時候就說五千年，不需要的時候就說六十年。五千年就是五千年！」先生給鄒兄的，還有蒼勁秀雅的法書：「先天而天弗違。後天而奉天時。」這是怎樣的囑託呢？

任老給農耕贈送的故宮舊物「九天雨露」，今日存於毛筆文化博物館中，亦冥冥中護佑著我華文化。

也怪不得第二天見到周汝昌先生後，老先生一樣激動連說「太好了，太有意義了。」「其意義不亞於任何大型文化工程。」

然而事業畢竟不易。農耕兄上求下化，所付出的心力，又非常人所能。《農耕筆莊魚素》中那一行行一次次的書寫與追問，時時也在敲打著我們的心扉。「身為誰屬？」「這個時代，為中華文化的延續究竟該付出什麼代價？」「製筆工藝應該是技術還是學術？」股價上漲，基金升值，「市場對毛筆的需求外觀和價位不成正比」，北京畫家黃永厚退回稿費，筆莊又折合重寄毛筆後，畫家來信喟嘆的所感動的，不僅僅只是一兩個讀者：「製筆材料上漲」，工人工資無法上調，老先生拿到稿費「都像犯了罪一般」。事非經過不知難，不當家不知柴米貴，農耕兄為毛筆文明所做的事，文明史應該記得。

喻學才教授有詩頌農耕兄事業：

昔聞鄒農耕，毛筆產業新。
今見鄒農耕，博物館將成。
先生年紀才四十，翰苑文友五千人！
雙目炯炯異凡俗，深沈不露驚老成。
遙思電腦前，毛錐日用頻。
凡夫與聖哲，無筆不成文。
四千餘載多少事，墨池筆冢說紛紛。
電腦來人間，鍵盤代鋒穎。
工農商學兵，用筆罕其聞。
斯文大變局，青史見未曾。
先生購地十五畝，建得展館二三層。
記錄中華毛筆史，狂瀾力挽集大成！
禮失求諸野，國學民間真。
諸公袞袞何為者，巨資多建垃圾城！
何如百中省一二，保存傳統如毛穎！

欽鴻與文壇話舊

得欽鴻先生贈書，是稀有難逢的事。傾心於先生，是由於他編的《范泉紀念集》。欽鴻有一篇文章，題目是《高山流水思范泉》，敘說因由，情深意長。十浩劫結束後，欽鴻和范泉有了近二十年的交往，他因編纂《中國現代文學作者筆名錄》向范泉發函，此後從互相通信到互相幫忙，再到互相深入各自生活，成為莫逆之交，十分難得。范泉「有信必覆」，關心欽鴻成長，欽鴻去泰國，也在范泉家住上一夜後再去機場。范泉和愛人吳嶠二十多年互相不知道音訊，是欽鴻無意間帶去了消息。相交二十年，相憶又十年，不獨在生前，欽鴻為剛剛復出的范泉寫下兩萬字的長文《塵封已久的一顆明珠／記范泉主編的〈文藝春秋〉》，一洗塵埃，讓明珠重現光華。便是在身後，欽鴻也不遺餘力，弄出近百萬字的相關篇章，以報知己。范泉的文集是欽鴻編的，懷念集是欽鴻編的，欽鴻寫出的《范泉不朽的文學業績》，則是份量很重的文章。研究范泉，欽鴻是重鎮也是功臣。

一個看重友情的人，是真誠的人，有成就的真誠者對文化的貢獻是值得珍視的。欽鴻的研究對象是中國現代文學，興滅繼絕是他在無意中成就了的事。「文人交往」、「作家風采」、「文苑散葉」、「文壇風雲」、「文朋詩友」是欽鴻簽贈《文壇話舊》所分的幾個欄目，涉及到了除現代文學之外的港澳暨海外華文文學研究和南通現代文學研究。或中或外，或臺海或大陸，無論是說魯迅、郁達夫歐陽予倩等一代大家，還是幾近湮沒不彰的江村、謝冰瑩、抑或溫梓川及馬華世界其他作家，都予解說，重理新影。比如張紫薇，他是郁達夫最後時日最好的朋友，他在郁達夫身後寫的《郁達夫海外流亡記》，也是報刊回憶文字中最動人的。郁達夫南洋新婚的《無題》詩，沒了張紫薇就不會有手跡傳世。心曲尤重的第三首詩云：

贅秦原不為秦謀，攬轡猶思定九州。
誰信風流張敞筆，曾鳴悲憤謝翺樓。
彎弓待射南山虎，拔劍寧慚帶上鈎。
何日西施隨范蠡，五湖煙水洗恩仇。

首句「贅秦原不為秦謀」一作「贅身豈為避秦謀」，對照欽鴻收入書中的手跡，疑慮可消矣。對張紫薇的考訂，欽鴻也很細致。他原名張潮佐，又叫張惟，到馬來後叫張紫薇，是因為在孤獨中記起了「紫薇花對紫薇郎」的詩句，再後來就是《郁達夫海外流亡記》發表時署名的了娜，他的交遊和落葉歸根，據說定居於成都，都清楚地記錄了。文字寫出的一九九〇年，張紫薇年屆九十，要是讀到欽鴻的這篇文章，老人該是欣喜的。

欽鴻的研究離不開作家，研究之餘，欽鴻為作家編書、出版作家的文字，很讓人感念。自然，欽鴻也受到過那些大學問家的哺育。據欽鴻在《與蔣錫金夫婦聊天》裏述說，一九一五年出生的現代著名詩人魯迅研究專家蔣錫金夫婦和好學深究的欽鴻在學術探索中結下了深厚的情誼。蔣錫金的身世，一般的研究者所知不多，欽鴻用很大的篇幅敘說了蔣先生的人生歷程。筆者印象深刻的，是編輯《中國現代文學工作者筆名錄》時，欽鴻特別註意收集小作家未被人重視的資料，就是對現代作家作專題研究，也不選大作家，而比較關註於一些有成就而被人誤解或湮沒的作家，對此，蔣錫金表達了不同的意見：「搞學問不能趨時，不能看行情。便宜的不一定是好貨，西紅柿便宜到幾分錢一斤，質量已經不好了。大作家和小作家的關係就像佛經裏的大星和中星、小星的光是由大星的光依次傳遞的，它本身並不發光，但反過來又映襯了大星。小作家也是一樣，是作為大作家的陪襯基礎而存在的小作家再搞也還是小作家，絕不會變成大作家。還是應當註意研究大作家。對一些大作家的看法是有分歧，這就要加以辨別，看各人的功力了。另外，還要堅持不懈，不要看現在似乎不興時，就不搞。」如果說，讀書能讓人變得懂事些的話，那麼這些話，就是讓我明白起來的語言。就個人的成長來說，從讀書過程中想吸收有益的養分，是不能少的，欽鴻的書，對我就產生了這樣的功效。

當日的欽鴻說：「我棲身於遠離政治文化中心的偏僻之地，又缺乏必要的學術研究的條件。因此，認識錫金先生並得以與他交往，對我而言，不啻是天降良師。」把這些話裏的錫金換做欽鴻，就是我此刻的心情了。

二〇一〇年六月四日

附註：此日午後，欽鴻先生來信云：「在偏遠之地尋書之難，我是有深切體會的。我難以對你有多少幫助，但提供幾本自己出版過的書還能做到。過幾天，我去市裏給你寄上。」七月十日，收到欽鴻先生寄來的他的著作《范泉編輯手記》、《范泉文藝論稿》、《范泉晚年書簡》和東南亞華文文學漫評《遙望集》等四本書。前輩風誼，可銘感也。

詩意伍立楊

剛剛過去了的那個年代，有記憶的人還多，資料也都有，但是要讓人評說，則又是語焉不詳，特別是具體到人的時候，更是褒貶不一，見仁見智。一部二十四史，教人不知從何說起，一部現代中國史，也不知如何說。就以介石、潤之二公論，也是費盡品章，難得要領。推想起來，三國英雄們今天還活躍在大家的眼前，陳壽裴松之羅貫中，可以說功莫大焉。

寫給友人的信裏，我說：「此行海南，與伍兄的見面是快意人生的可圈點處，好山好水倘無高人逸士，則亦遜風騷。伍兄曾是《人民日報》社記者，一九九九年到《海南日報》社任職，已出版《夢痕煙雨》、《故紙風雪》、《霜風與酒紅》、《墨汁寫因緣》等隨筆集、文論集、散文集、史論專著近二十種，現在是海南省作家協會副主席。東坡說到自己的時候調侃說：『問汝平生功業，黃州惠州儋州』，『九死南荒吾不悔，茲遊奇絕冠平生。』現代人比前人幸運，奇絕一遊，也不過一周而已。思之可會心一笑。」給伍兄的信裏，我說「海南一會，快慰平生。昨晚已平安到家。一路讀先生新書，歡喜之餘，深服博雅高華。今晨已致信友人，期兄著作能有繁體版印行，以益於光大我華文化。」

案頭這部書，對民國時期的英雄們，也有很好的刻寫，要說特點，還就是真實不虛，動人心魄。這便是伍立楊的《烽火智囊——民國幕僚傳奇》。這書是一部民國英雄譜，現今還沒有替代品。

那天立楊兄說要小酌，我沒想到會有這一份厚禮。我是喜歡看書的，旁邊幾位平日不那麼愛書的朋友也愛上這書了，回來後有人連夜翻完了，還我書的時候他說，這書，是好，趕得上《三國演義》。

我用了一周看完。現在動筆，錄出札記，已是三個月之後。三個月不能說顛覆了我的歷史觀，但至少對於民國的歷史，認識是改觀了。

許多年之前，我們知道的蔣先生，只是剛愎自用，腐敗無能，書上說的不是。伍立楊用證據說話。比如，曹聚仁記錄過對全國大軍人幾乎無一不認識的蔣百里的話：「論到緊要關頭，快刀斬亂麻，當機立斷，我覺得在全國人物中，無人能出蔣介石者。他有今天的成功，絕非偶然。」那是說的在北伐的關鍵時刻。抗戰時，「蔣先生當年的戰略，逼迫日本將南北攻擊態勢改為由東向西的進攻，今日回頭觀察，不得不佩服他的高人一籌，他是把政略、攻略、戰術結合到最佳的一個人。」在蔣緯國自傳出版之前，無人有如此精闢的論述。「蔣先生實在棋高一著。」諸如此類，伍立言所本者，多是當事人的回憶錄。朋友讀到這裏的時候說，蔣公還有一個很出名的地方，是他很帥。我們相視莞爾。蔣百里名列新文化運動中的名社文研會，既作無數大人物的軍事幕僚，也作大文人的幕僚，梁啟超作段祺瑞的財政總長，曾帶蔣百里訪歐，倚蔣百里為左右手，回國後蔣百里寫了《歐洲文藝復興史》五萬言，請梁啟超作序，梁序竟也寫了五萬言，只好單獨成書，這就是享譽書林的《清代學術概論》，梁啟超反過來又請蔣百里作序，此亦千古文壇佳話也。在新聞記者的傳言中，蔣百里的肚子裏有「四館兩院」：博物館、圖書館、史料館、科學館、文學院、軍事學院，外加上去的，是「隨意小酌」，記者們稱，遇上蔣百里，是頂有趣味的事。

蔣百里之才，曹聚仁曾有精彩記述。一九三二年二月一日，他和蔣百里在一起喝咖啡。百里手持一張上海《每日新聞》，對大家說，六天以後，即七日早晨，日軍要有一個師團到達上海了。怎麼得知的呢？他並無內部消息或其他特殊途經。他指著正看的報紙上的一條電訊，說日本陸軍大臣杉山元昨天晉謁天皇。蔣百里說這就是報告出兵的意思。以日本的運輸能力，以及由長崎到上海的水程，估計七日早上，可運來一個師團。讓曹聚仁吃驚的是，七日早上，日軍的第九師團，果然到了上海。伍立楊就此分析說：「依據一條尋常新聞，推斷日本即將出兵，這是判斷的第一環節，下此判斷，必須對日本戰時行政體制有深入了解；他又從運輸、交通、運量，推斷出發來軍隊的數量，這是第二環節，這要求對當時軍隊的後勤補給有深入體察，怪不得曹聚仁要由衷佩服了。」

一九三七年八月，淞滬戰起，蔣百里時任代理陸軍大學校長。委員長一見，急問：「此次中日戰爭，英美會否捲入漩渦？百里答：可能，也許是時間問題。又問：如果英美捲入，最後的勝利究竟屬誰呢？百里鄭重回答：不敢說得太遠，在最近二三十年內，西方民主國家最後是不會失敗的。」此一判斷對於國家戰略和意志的形成，影響深刻。一年後的一九三八年五月二十六日至六月三日，《論持久戰》發表，成為世界軍事名著，為世人熟知，蔣百里的見解則堙沒不彰。

伍立楊評蔣百里說：「不管是軍事的謀略貢獻，還是文藝的參酌見解均可謂大氣郁勃。」蔣百里身後，章士釗輓詩有句稱：「談兵稍帶酸腐氣，入世偏留狷介風。」伍立楊說「用酸腐來概括蔣百里精神事功，不大沾邊。也可見章氏小人作風的根深蒂固了。」

和蔣百里相比，寫下了大量戰術著作的邱清泉，古書讀的比前清秀才還好。伍立楊稱：「邱清泉他們這一代軍人，多為中山先生之信徒，也可看作新時代的秀才，是為人本而戰，卻從古書、西學，直到兵學，都向第一流的境界邁進。誰說秀才不能造反，中山先生道德理想的賡續，構成了軍界新秀才們的精神內蘊，而和老秀才們葆有本質的不同。」若以二十五歲前的學養論，邱清泉竟也不比聞一多差多少。抗戰勝利後中樞改組雲南省府，邱清泉機智過人，兵不血刃即一夜間解除盤踞十八年之久的龍雲部隊武裝。邱先生舊書讀得太多，一身名士氣，膽氣和學養，竟使他去南京開會時著士兵制服，持威士忌酒瓶，結果被憲兵查究。自由主義表徵一如其同為黃埔二期的同學，後來以詩作名世的聶紺弩先生。其子邱國賢述父親語云：「社會大致是公平的，不過有些人天賦高，少年得志；有些人毅力強，大器晚成；後者的成就往往更顯得偉大。」邱清泉謀國之誠，哀民生之艱的胸襟，也見於他的詩歌。

滇南有感

萬里雲山北望頻，南天立馬一勞人；
邑多衰落傷農圃，路有饑寒恥重臣。
生意哀憐驅羸馬，道心消逝伴朱輪。
煙村殘野夕陽處，枉自風光畫樣新。

這是一九四五年春，邱清泉率遠征大軍從中緬邊境班師回國，經過雲南保山時，感慨萬分，所留下的詩篇。他還有「新正自清豐西開，軍次內黃，逢大雪滿途」的詩作：

荒城

慷慨入荒城，孤煙帳下明；
風沙千戶捲，煙樹一村傾。
倦鳥艱難宿，歸鴉哀怨鳴；
行行問去路，大雪滿征程。

我頗為喜歡他的這首詩：

仿古樂府

十年水流東，十年水流西
水流無已時，人事成爪泥
春殘花濺淚，暑去寒露淒
盛衰付煙雲，得失笑蟲雞
孔門聞道死，莊生與物齊

各言志所取，身後互訶詆
是非無定論，榮辱不須迷
堂燕尋常入，暮鴉終古啼
不如傾斗酒，詩成和醉題

我沒有想清楚，寫出了這麼好詩篇，率領主攻二二師和第五軍連續取得抗擊日軍，獲得昆侖關大捷，打通滇緬公路，作為黃埔軍校第一名赴德國柏林陸軍學校深造，在坦克戰理論和實踐方面造詣深厚，堪稱中國坦克戰第一人的人，竟然在我們的歷史中被說成是一個性情粗暴，頭腦簡單，指揮不力，貪生怕死的粗人！邱清泉尚且如此，他人遑論。這是需要思考的。

伍立楊評說邱清泉，是「智深勇沈，文經武緯」，具有「烈士氣質」的一代名將。「英雄氣質具體表現為烈士心結或烈士情懷。邱清泉雄霸之氣，相對於廖耀湘、孫立人、張靈甫等同樣高學歷的指揮官，他們的英挺或優容之氣質，則邱先生更顯雄霸。患難憂虞之際，正見其胸懷之廣大，以耿耿精忠之菩薩心腸，獻之骨嶽血淵之間，義無反顧，述往事，思來者，實在不能不馨香崇拜之矣。胡林翼嘗謂『兵事為儒學之至精，非尋常士流所能及也』，在他們這一代人身上體現得元氣淋漓。」臨文嗟嘆，可不唏噓。

對曹聚仁，伍立楊也有評說：「曹先生無疑是文史名家，但讀他的著作，尤其是六七十年代居香港時所寫，多處不免予人蘇東坡之嘆：世間事忍笑容易，讀王祈詩不笑為難——因了曹先生的理想化、幼稚冬烘，因了他的『距離產生美』，因了他的一廂情願、他的烏托邦情結，我們也真個是『讀曹聚仁不笑為難』！他這一類時時跳出的論點，實在是解剖很不中腠理，雖飲水冷暖卻不自知，只好叫人大搖其頭了。」這是因為曹聚仁在《魯迅評傳》裏非議孫中山，幾乎是驚世駭俗地說「孫中山把《三民主義》建國方略說得天花亂墜，結果，國民政府的黑暗政治，比北洋軍閥時代還不如。」

《烽火智囊——民國幕僚傳奇》成功刻寫了一代人物的政略智謀，但如果僅僅以為這書只在講智略，那麼這個認識，也就錯了。可以舉楊永泰的例子來說。為蔣介石出削藩之計，解決馮玉祥、閻錫山，上萬言書幫助老蔣成功完成第五次圍剿，迫使紅軍撤出江西老區，俱與「智術家之老狐狸」楊永泰有極大關涉。但此人終因爭權失算，被CC系暗殺於武漢碼頭。伍立楊評述云：「他在北洋以來的政壇各派系中翻滾掙扎，始終不像人樣，其人輒以磐磐大才自居，以不世出的智者自許，然究其實質，仍為村學究中一特殊份子。雖於歷史漩渦中丕顯身手，係一超級智囊，卻非現代意義上的大知識分子。」其人其術的極不可取，在於「不信世上有正義，不信良心之力量，對社會秩序甚至也無烏托邦前景的關照，其本心深處，乃在取得權利，以此填補其慾望、愛憎」。他是一個道德上的盲人，是生活在一個道德盲人小世界裏的人。

同樣，伍立楊曾述熊式輝之事，說「凡以險詐薄涼起家者，必必敗於險詐薄涼。」

伍立楊對社會的認識，是深刻的。思想的深刻自然也帶出了文筆的深刻。他說：「專制社會，最是生長騙子的土壤，情感騙子和政治騙子一樣出色一樣生生不絕，他們運用了組織，控制了民眾，滲透了社會的陣營，施用了毒辣的謀略，真是民族之極大危機，也是人類無比的厄運！」

據此我們看伍立揚，看伍立楊的書，就不比尋常了。這書，一定是對社會有貢獻的。知識分子對社會黎民的奉獻，是潛移默化的方式進行的。比如孔子，比如五四一代人，等等。吳稚暉名言曰「官是一定不做的，國事是一定不可不問的。」他跟定孫中山，中山去後，年過花甲的老吳，在北伐伊始誓師大會上，將孫中山遺像和黨旗國旗授給蔣總司令，之後的生涯血淚滄桑，哀嘆蒼生，眼光和胸襟俱可稱道。抗戰前與之如膠似漆，後則不共戴天的汪兆銘云，這老頭子是為國家，其心可鑒。抗戰勝利的消息傳來，八十一歲高齡的吳稚暉當門而坐，開懷大笑，天真狀如少兒。

祝勇言：「伍立楊的隨筆無一不是上乘之作，非但境界高華深遠，明淨如秋水長天，而且慧眼獨具，立論奇譎。讀這樣的隨筆，真的是令人於浮世之中碰觸到一絲幽涼，倘在深夜，讓窗開著，立楊詩意的靈光，更會如滿紙煙雨將你浸透，生命裏的愁苦思緒如空氣裏的塵灰被過濾淨盡。」是啊，伍立楊筆下的那份靈動、樂感和富有詩意的歷史裁判，傾倒的不僅僅是社會裏的成年人，當下一代少男少女們形成的「女看張曉風，男看伍立楊」風尚，也是穿透歷史的魯殿靈光。

我把伍立楊的文字作為實難人生的有味教科書看。在剛剛編訂的文集後記裏，我寫下了這樣幾句話：

> 歲月流過，江山無恙。翻檢人間存留的簡冊，享受瑯嬛縹緗的厚賜時，心裏不免冒出一句：撿書几案窄，昂首天地寬。
>
> 相對與辯證，在理上是得到公認的，但在生活中往往被錯會。具體地使用，特別是在人的身上，更不能教條，不管是古還是今，存或者歿。

這也是我讀伍立楊的心得。

狀難寫之景如在目前。伍立楊也說到了張恨水的戰爭文字。《烽火智囊——民國幕僚傳奇》以三章寫「抗戰烽火的澆鑄」。曾被視作鴛鴦蝴蝶派的張恨水先生，在那個時節寫出了大量的鐵血文字。不說大筆如椽的《虎賁萬歲》，只舉《假如中國不抗戰》銅澆鐵鑄的句子：

假如中國不抗戰，日軍必夾攻蘇聯，莫斯科已淪陷多時了。

假如中國不抗戰，土耳其休想中立，伊朗的油田也決計不是美蘇的了。

假如中國不抗戰，太平洋便是日本湖，也許用不著打，日軍已經席捲全球了。

伍兄說，張恨水深廣的戰略眼光十分高明。

他說到了王韜：「湛深經術，宗法漢學。他可以說是參謀之中的參謀，幕僚之中的幕僚。韜略之寶庫，一切後來者，無論為帝王師，還是為時代所用，皆可從其羽變而來，稍加化用，即成佳釀，為後來者行事判斷借鑒、參政的意義經久不磨。古人是道不行，乘桴浮於海；他卻是道不行，以文字為後來鑒。」那是「錦囊妙計的百寶箱。軍事、國防、外交、軍備、輿地、行政、商貿、工農業……均有成套的、成系統的論述和建議。而且可操作性極強，警切處有似耳提面命。」

「白先勇感嘆那永遠的尹雪艷，他則是永遠的王韜，永遠的超級智囊。」

一聲喟嘆，充溢可供實用的種種戰策，以及制度優劣比勘的龐雜著述《火器略說》、《法國志略》、《普法戰紀》、《弢園尺牘》、《瀛濡雜誌》、《老饕贅語》、《遁窟讕言》、《海陬冶遊錄》、《花園劇談》、《艷史叢鈔》、《翁牖餘談》等，翩然入我夢中，我確信，所謂文中子者，或隔世而生。

長處是全局的考察，著眼是根本性的。「人心之機器速於影響，一國之鐻鍾捷於桴鼓，是在為上者善用之矣。」上善若水，傾心者自會千秋。

在歷史長河兩端想望致意的兵學奇才，風格、學養、氣度、眼光胸懷接近的蔣緯國和辛棄疾，是戰術家，也是戰略家，是謀劃者，也是操作者。他可以沉靜制定策略，也可以親自驅動雷霆之怒。同為書生作戰，辛棄疾與民國書生更多精神形質上的類同。辛棄疾奏疏間「充溢罕見的的慧眼卓識，以及智識者的道德良知。政治的眼光、行政的手腕，處理危機的才幹，都是如此的妥貼高明，可欽可佩。談到地方建設諸要端，關鈕細節的處理，閃爍人性真善的不滅光輝，他披瀝以道，具泣血之誠，我輩後人，也讀得淚眼婆娑，恨不能乘霍金所說的時光機器，回溯十二世紀的南宋，共與辛公，浮一大白。」通達、痛快淋漓的文字，千餘年前的辛公得此知己，當可欣慰。柳亞子詞云：「稼軒居士，只解牢騷。」伍兄痛斥為「不知天高地厚，氣泡大於海，眼孔小於針。」「精神境界和柳亞子差的天遠地遠，只好在那裏盲人摸象，蒙昧臆測了。」「僵化的制度攜帶對人本的殺滅、對人性的毀傷、對才俊的構陷，志士悲梗，內在消耗猶如基因，隨著辛棄疾們的投閒散置，無端見疑，南宋的國祚也逐漸走向了盡頭。」激越的文字後面，跳動的是熾熱的心，能想到的，是「我以我血薦軒轅」。

由於伍立楊運用的史料多是親歷者的回憶錄或第一手資料，可靠性不言而喻。專題化的剖析使得近代中國幕僚作業的前因後果條分縷析，躍然閃現。手此佳編，百讀不厭，思索去來前路，我之福也。

二〇一〇年三月十四日起稿，九月二日上午寫畢

遙望韓石山

韓石山新近印了一冊書，是《既賤且辱此一生》，沒有見到，先讀到的是報上的介紹文章，推許之外，有挑剔，但印象，就深深留下了：這是韓石山回憶文字中的第一部，尚有第二部，第三部……

據韓石山《我寫〈張頜傳〉》一文所述，歷史系出身的他，成不了歷史學家，能為歷史學家寫部傳記，也算聊補此生缺憾了。那冊書，「對那些少小就有志於學術，一時又昧於方法的年輕人是有用的；對那些已有相當成就，又不以眼下的成就為滿足，年齡已然不小的學問中人是有用的。再就是，對那些不想著述，也不想精研某種學問，只是喜歡看看書，增加一點與朋友的談資的風雅之士，也是有用處的。可以從中得到許多在別的書裏得不到的東西，既滋潤自己，也娛悅同儕。」有些向往這書了，且留一個記號，機緣合適的時候，向石山先生討來一冊學習之。

巧得很，新收到的《人物》雜誌，刊發了我談傅增湘的文章，拙文未及入目，先看到的是封面上赫然在目的《惡人韓石山》。這樣的題目有些雷人，且翻開來看。

看則喜歡。

我找到了韓石山的博客，先生和小外孫皮皮在一起幸福地笑著。要留下祝福，也留言索書。

博客上，有韓石山寫季羨林的文章：《季先生的長壽之道》，其中說，季先生「不是國學大師，該稱之為國師」。理由如「建設和諧社會，中央想到的只有兩個方面，一是人與自然，一是人與社會，這期間溫總理去醫院看望季老，季老鄭重地說，還要內心和諧嘛。」季羨林先生生前多次說過，他出身貧農，因此熱愛新社會，不爭待遇，只知勞作。韓石山說：「季先生的可悲與可怕之處在於，都過去這麼多年了，總也忘不了自己的貧農出身，不時的還要強調一下。」「質言之就是：用帝國主義的錢學下本事，給社會主義服務，解放前上資本主義的大學，解放後享社會主義的大福——包括政治待遇。」「一個在現在的社會裏，以出身貧農自得的人，其思想境界，高不到哪兒去。」

字面上看，韓石山在貶損季羨林。但我的理解不是這樣。佛言，腳踏香染都是緣，讓老韓三寫華章的資本，不是人人都有的。或許是禪宗的境界：魔來也殺，佛來也殺。質之韓石山，彼言「你說是罪惡累累，實際上也是碩果累累。」「別人發文章批評你，哪怕是攻擊你，等於是讓你又出一次名。還有比這更上算的事情？」文字好是硬道理，說得好也是硬道理。

為張頷寫傳記聊天的時候，韓石山說感受最深的，「不是張先生學問上的執著與機敏，而是張先生做人的境界與方法。比如他常寫的一副對聯：『筆墨不求縉紳喜，聲名毋得狗監知。』就該作為自己寫作的圭臬。還有：『知道自己沒油水，不給他人添麻煩。』回顧自己此生的許多屈辱，大半是沒有及早知道這一做人的方法。還有一句話，字面平常，但意義深邃：『有多大的門面，操多大的心。』這句話對我的啟發是，退休前如果說是開公司的話，如今退休了也還寫作，等於是開了個小店鋪，往後只要把自己的小店鋪開好就行了。」這是他山之石用來砥礪自己，是很好的。至少對我，這是金玉良言。

韓石山給自己大半生作總結，說是「可以用四個不字概括，就是：年齡不小，成績不大；作品不少，名聲不佳。質言之便是：成績不大，名聲不佳。」我想到了孔子的話：「赤也為之小，孰能為之大？」和韓石山比起來，我們又可以找得到許多平衡點。

他的書齋叫潺湲室，想起金性堯先生的七絕詩《在山》了：

在山泉水本清幽，每聽潺湲去復留。
若道辭山能作澤，也應長自向低流。

不知道室名是否與此有關，但生活的姿態和詩裏的意境，卻是值得玩味的。

二〇一〇年七月十五日

書香袁濱兄

用「一山一水一聖人」來述說山東，無論有多少個版本，都掩不盡那裏的豪邁和雅意。也不怪，齊魯青未了的山東，從古到今都是傳奇演繹的地方。鄒魯之邦，自有心靈胸襟。我識山東，從人上來。自牧之後，又有袁濱，加上徐明祥，都是富有情味，傳奇樣的人。袁濱最好的朋友，是王稼句。稼句先生，引我入瑯嬛福地者也。憑著這點，對袁濱，或許就得說，吾，亦得兄事之。他一九六七年生，實際是小我六歲。說「兄事之」，是就書而言，就文而言，就質而言，就人品而言，就成就而言。他十七歲發表第一篇作品，說如今著作等身，名滿天下，都不為過。其身其書，亦傳奇也。

二〇〇九年十二月八日，滿目夕照明的時候，我打開山東寄來的郵包。是袁濱兄的大著《盈水集》。扉頁上是他的親筆：

滄海一粟求友聲，脈脈此情水盈盈。
拭目遙天璇璣亮，映我書窗燈火明。
岳年兄哂覽。袁濱。己丑冬月。

橢圓形朱楷印章告訴我，這是「五十部毛邊書之二十二號」，白方篆字是「袁濱贈書」。心裏想，這書是「玩」出來了，已到極致的份上。

《盈水集》，中國戲劇出版社二〇〇八年四月一版，三十二開，分三輯，「盈水文錄」是書話，「聽櫓小築書談」則作者與王稼句書事，「書葉散跋」亦藏書識記，多以自作詩終結。封面左下方是豐一吟畫幅《漸入佳境》，右上方「盈水集」是王學仲的手跡。龔明德、止庵有序，谷林、王稼句為「聽櫓小築書談」輯亦有序跋。各輯先後都配有何滿子、豐一吟、谷林的題字，扉頁、插頁分別由峻青、丁景唐和張煒題寫。丁景唐的「瑯嬛中人」置於目錄之前，溫文爾雅。袁濱面世的作品，已有《窗子與風》、《盈水詩草》、《草雲集》、《盈水集》、《機關》和兩百餘部電視紀錄片。龔明德先生為《盈水集》寫的序中說：「書事交往，是成功閱讀不可或缺的一個組成。」「勇敢地真誠地結交可以提升自己的書界先進，」「只要在靈魂上靠近了哪怕只是一個葉德輝，也可以長足向前向上的。」這是要深刻註意的。袁兄的書，證明著這一點。在與書世界的真誠交往中，袁濱已然大家，成績斐然。

他願意「在書香裏醉去」，稱「我不知道世界上是否還有能夠比讀書更加美好的事情。」我也見過些書，甚至今年的國家圖書館善本特藏精華展也留戀並全數拍照過了，可是合上《盈水集》的時候，也還是覺得這是少見的人，寫下的少見的文字。王稼句說，「袁濱的文章，實在也是借題發揮，雖是談我的書，其實也在說自己的話，抒自己的情，談自己的想法」，那麼，書話類作品，說到底也還是在書寫自己的生命，在創造另一種生活。而袁濱的書寫，是成功的。他說過：「惟有純潔的書香伴我生命天長地久。」

龔明德先生言，成熟的藏書家到了一定的時候，肯定是有一個大境界、大胸懷的。把這話再引申一下，說《盈水集》有大氣象，也該是正確的。袁濱把讀朋友的書看作是讀朋友的來信，誠哉斯言。讀《盈水集》，這個感覺就分外明顯。我被書葉間的氣氛感染了，一邊讀，一邊把手機短信給淄博的袁濱發過去：

書香盈盈意，磊落襟懷人。
東西應和際，氤氳釀春分。
捧讀袁兄好書，精彩紛呈，歡喜多多。

回覆就隨即飄過來：

呵呵，友情醉人，大快我心。多謝批點，我在杭州遙祝快樂！

讀書樂，適時快活，現代技術的賜予真是妙不可言。

《盈水集》是「書界先進」了。讀之，在我，便想要獲得向上的助力。書，會帶著閱讀者的靈魂升起來。書裏的「先進」們，是堅韌的，向上的，是文化的健康和堅強。其實真讀書人的堅強勇敢，是無與倫比的。馮友蘭氏《國立西南聯合大學紀念碑碑文》所頌的華夏文化，即證明一也：「惟我國家，亙古亙今，亦新亦舊，斯所謂『周雖舊邦，其命維新』者也！」每每動亂，或分治，這邦國最先實現了的，是文化的統一，古如此，今亦如此。這邦國中的真讀書人和文化，才是真正的脊梁，他們有抱負有擔當，信條是舍生取義。讀聖賢書，所為何事？或者「我不下地獄誰下地獄」，自然，也還有「俯首甘為孺子牛」、「去留肝膽兩昆侖」式的愚行，當然免不了「書生意氣，揮斥方遒」。再要成氣候，無非是加上些「猴氣」，並弄出個「和尚打傘」的狀態而已。為《盈水集》題寫了書名的王學仲老人所追尋的精神境界「揚我國風，勵我民魂，求我時尚，寫我懷抱」，便是一份堅強堅韌向上的當代表徵。袁濱的陳述則是：「我們能夠衝破各種封鎖，能夠從四面楚歌中掙扎突圍出來，溫暖明亮的書燈給了我們勇氣和力量。」

「好書都是富有靈性的。」那些刻骨銘心的閱讀記憶，都源於這種靈性。峻青，徐雁，和王稼句等人是書的靈性，書裏書外的袁濱也也是書的靈性：「有朋友訪問周村，袁濱盛情接待，酒喝得不亦樂乎。三巡過後，朋友說，對不起，我得趕回去。袁濱的河馬之軀拔地而起，一雙巨掌按住那廝，目如秋水，面如重棗，聲如鋼蹦，說出三個字：『弄死你！』朋友嚇得連連擺手，繼續舉杯。我對阿瀅說，男人跟男人說『弄死你』與男人跟女人說『我愛你』是一回事啊，都是柔情蜜意，斷不可作流氓阿飛看待，否則就大大誤解我們袁濱兄了。袁濱在一旁赧顏，羞怯得像一個女孩。」友人吳昕孺的記述裏還說：「在這樣一個喧囂得沒有回聲、浮躁得缺乏靜氣的時代，袁濱幾瓶啤酒下肚，目如秋水，面如重棗，聲如鋼蹦，說出三個字：『弄死你。』這是他對自己所處時代的無限柔情與對書本的無窮蜜意，這是他對真正閱讀時代來臨的永遠期盼，正如他意味深長地為自己的書房取名為盈水軒：『盈盈一水間，脈脈不得語。』」

袁濱改過龔自珍的詩句後說作家欽鴻：「不是逢人苦譽君，亦儒亦俠亦溫文。照人膽似秦時月，送我情如嶺上雲。」亦儒亦俠亦溫文，用這詩來作月白人靜時分讀書的袁兄的寫照，也很真切。寧靜致遠，淡泊明志的欽鴻，何嘗不是傳統文化長期滋養和浸淫後耐得住寂寞潛心學問溫雅滿身的袁濱呢？昕孺說袁濱是他「朋友中古文功底最好的一個」，翻《盈水集》，想到他一再說過的「誠懇」和他幾乎每篇都有的詩作，益信此言不虛。那是深入骨髓的文明DNA呈現啊。袁濱說：「平靜、溫和、自由和健康，對一個人至為重要。」「把人生當成有趣的閱讀，風吹哪頁，盡得逍遙。」這份體認的意義，就在於給生命的坐標定位。要知道，那就是在滋養著自己的學養和人格。當翻閱著《葉聖陶周穎南通信集》的時候，他通體「浸潤著老人寬厚待人的情懷，每讀一箋，都感沐到一種溫暖。」情到深處溫馨足，殷殷話語倍覺親。如「刀刻般記在心上」的文字，就是如此精靈般地化入靈魂，潛滋暗長，營養人文。他覺得姜德明《清泉集》流落街頭，如良家女子墜入青樓，收回皮藏如憐香惜玉，正讀書種子所遇天意也。有可人的長短句為證：

書入戶，
風韻勝新婦。
燈窗相映顏如玉，
枕邊拋情頻回顧。
總被秋娘妒。

書情書色之寫，有過於此者否？
書愛家情懷，有過於此者否？

說到范用文字的時候，袁濱有一個比喻，說那「是陳年的家醇，是月下的獨酌，是楊柳岸邊微風細雨裏的閒釣。」那是他在讀《愛看書的廣告》呢。現在我手持《盈水集》，久久地不忍放下，也這樣的享受著。

天已晚矣。把玩冊頁，《盈水集》大放其光，當夜色覆蓋了一切的時候，在明亮的讀書燈，我的夜太陽的照耀中，在溫和的飄著清香的弱水軒中，「我正面對著世界賜予我的美妙享受……」

二〇〇九年十二月十三日傍晚寫畢

讀林偉光

《弱水讀書記》的出版，引起了朋友們的關註，孫犁云：「讀者都是故人」，想想，覺得親切溫馨。

林偉光兄，也是故人了。在天涯的「閒閒書話」，我們是相識的，都讀過對方的文字。有書出來了，贈書，以書會友，是自然的。嗅著書葉間散出的淡淡墨香，感受著友人的溫情，我翻閱偉光的著作。扉頁上有偉光的題字：「舊作留書誼，萬里有故人。岳年兄哂正。嶺東汕頭林偉光巳丑年秋末北風起，因念故人書情。」下面是篆字朱文的小印章。是啊，萬里有故人，這一份情懷，在千里冰封的北國冬日，溫暖了起來。註目書前的偉光近照，我說咱們聊起來吧，伏案疾書的偉光停了下來，如我一般的近視鏡片後面，流瀉出微微笑意，他說好吧。

《書邊散墨》是偉光兄二〇〇四年印刷的。他說，他曾經歷了一次生命歷程中的磨難，體驗了一回死亡的滋味。我說，大難不死，必有後福。這書的出版，就是偉光「把猙獰的死神拋向汪洋大海」，大步邁向新境界的一個標誌。讀下來我知道，偉光得救了，也得道了。體驗過死亡也體驗了溫情，收獲了人生也收獲了智慧。文字般若告訴我，偉光開悟了。

偉光屬兔，說起來小我一歲。我們間的遺憾，是相隔太遠了。不然，隔一段時間的促膝而談，或燈下把盞，或抵足而眠，論書論學，該是誘人的事。不過，前人早說了，海內存知己，天涯若比鄰，知道這個世界上有一個同道在遠遠的天邊，讀自己的文字，和我有一樣的心情，是愜意的。南京大學的徐雁教授昨日有信給我，說「昨晚方從教研室取回題贈新著《弱水讀書記》。江淮今日，霧鎖南北。午後從容，瀏覽尊序。君所謂『適心快意讀書法』，吾心曰同也。教書而讀書，最是吾輩天職，可惜同道乏人，古調難鳴矣。學海無邊，自一瓢而二三瓢，可知先生愈飲愈歡當至欣然之境而鼓之舞之矣。書此為祝，兼謝贈書。」把這些話和接承聖人謦咳的偉光書合在一起看，享受莫大。

一部好書，總會給人留下一些深刻的印象。看過了之後產生想學、想做，想照貓兒畫老虎的沖動，這書的益處就不少了。偉光的書，似乎就有這樣的作用。當然，這說的是於我，對別人如何，則不好妄說。我曾在一篇文章裏講過這樣的話：「也想把文章寫的短些，寫的簡單明白些，理想是三百字，或四百五十，至多六百字，一如知堂老人在《文章的包袱》裏的話：『隨意抓住一個題目，開門見山的說出來，上下四旁有該說的說上幾句，表明主意，隨即收科』。然而做來難，沒有做到，有的時候是到了不可饒恕的程度。這都是不善於寫的表現。」偉光是做到了的，這就不能不讓我佩服。他的文字多短章，短而精準，源於用心，他是要用筆雕刻思想的。偉光新近的文章《文人》裏說自己於書，是「癡迷不悔，讀之後進而至於寫，千方百計地把自己變成一個『百無一用』的文人。」這樣的人寫出的文字，好應該是自然的。他的文字有很多是報紙專欄裏用的，要求精短，也是自然的。《書邊散墨》裏收有一篇文章，標題便是「寫專欄，你準備好了嗎？」在作了深入的分析後，偉光說，寫專欄的作家，「須學，須識，須情，合之乃得『深遠如哲學之天地，高華如藝術之境界』。」文字則要如董橋那樣，「精粹可讀，雋永有味，清純醰醰一如陳年的紹興花雕，甘冽醉人。」他是把學養綜合起來，作為動筆的前提的，這就不易。

再驗之以文，那麼就會發現，近朱者赤的偉光兄，已沾染上當代香港的良知林行止，世紀老人張中行，赤子其心星斗其文的沈從文，周氏兄弟，汪曾祺、張愛玲、龔明德、陳平原、施蟄存等的靈氣仙氣，郁郁乎文了。他說多情人不老，他說占中國人口三分之二的農民一下子就從作家的視野中消失很不好，他說不要忘記正是這些人支撐起了我們這個有五千年文明的國家。

他是愛書的人，他說過願此生永伴書籍的話。書和人同居，書比人金貴。他搬家不是人搬家，是給書搬家。他花錢，也是為買書多。就是在生與死較量搏殺的時刻，湧上他心頭的，也是古今中外書裏的人，書裏的話，是這些給了他堅強和力量。

他厚待了書，書也成就了他。他寫出了一本本的書：《詩意棲居》、《書邊散墨》、《紙上雕蟲》。剛剛收到臺北友人的來信，海峽彼岸的出版社，接納了偉光兄的書稿。日前，他的手稿有人據為奇貨，按頁論價，被網上在線拍賣。滬上陳克希先生，是上海圖書公司總收購處的主任，正要請教此舉的文化意義，克希先生就有電話打過來，說思想會被保留下來，書是可以傳下去的，五百年後也會有人看得到，好幾代人呢，哪怕受到一點點感染，都是功德無量。欣喜之餘，我就想，要向偉光兄學習，惜墨如金，如董橋說過的的，對得住寫下的每一行文字。

偉光說讀書是人們打破寂寞尋找知音的一種嘗試。夜已深，應是人定夢香，我發短信吵醒他：讀兄之書，寫我之文，不亦快哉。我願意讀偉光的書，他的書，是可以傳世的。

末了我也做一回書裏說過的紳士，在你拿到並手捧林偉光書的時候，說一聲「對不起，我的錯！」是在我占了理的時候，當然，我是悠閒、謙恭的，因為上面我所說的，並非虛語。

二〇一〇年八月二十九日寫畢於溫暖的弱水軒

大雪後數日，上午患流感打點滴，偉光發來手機短信，「天冷那邊下雪否？這裏還三十度，已寫了文字寄來。」「兄書與知堂文並讀很有味。」我大驚：「不可說不可說，不可比的。知堂之深廣，只乃兄、張中行知之。其文則後來企及者稀。」復云「有同感。」心藥可祛病，路隔心不隔。數行寫過，神清氣爽，已康復矣。夜復深，改定文稿，明晨發偉光信箱。古人以《漢書》下酒，我與偉光，亦以書下酒，在南國和北國的冬日裏，豈不懿歟。又及。

梨花一枝春風來

周瘦鵑《花影》裏收有一篇關於梨花的文字，是《梨花如雪送春歸》，題目和行文，都不是老先生一生文字裏的佳構，可是有一句話倒是記住了，他說「梨花開的時候，正是江南春盡的季節，看了庭院裏梨花如雪，想起古人『梨花院落溶溶月』的詩句，雪白的梨花，映照著雪白的花光，這真是人間清絕之景，最足以耐人尋味。」父親在世的時候，在老家栽植了一個園子。我們是北方，每年春天，園子裏最先開放的花兒，就是梨花了，那一段日子，是春光才要展開的時候。在滿園梨花裏勞作，雖然辛苦，可是父親的心裏，是最高興的。一年的希望，就在梨花裏展開來。

近日讀指尖的《檻外梨花》，就又憶及往日，有別樣的心懷來到筆下。這是山西一個奇女子的人生思索，人說是平靜而內斂，隱秘而清新的敘述。我同意這個看法。她說「在火車上，適宜想念某個人，構建一個故事的框架，將自己和想念的人放進去，然後，看著他們相親相愛，面朝大海，春暖花開。」她還給了另外的想像，因為人生百樣，不可能只有一個模子。而我，卻獨是喜歡這般想像。也因為去日苦多，人生多艱，高興是這樣，不高興也是這樣，何不目澄心潔，景象動人呢。

我不知道指尖的身世。可是指尖曾反覆回味過「祖母溫暖寬厚的懷中」，她說：「趴在祖母的懷裏安然地度過漫漫長夜」是「幸福」的。「沒有她的的懷抱的夜，是多麼多麼難挨。」也在祖母身邊長大的我，看這些文字的時候，感受到的親切，自不待言。「她在世的八十多年裏，從不吃肉食，她最喜歡的吃食便是南瓜，她將它們煮著吃，煎著吃，蒸著吃，總也吃不煩。」老去親人的生命，在後面一輩輩中得到延續，這就是生活，也是真諦，當指尖父女坐在老人墳邊回想往事的時候，讀者心靈中的某根心弦，會被撥動的，因為誰都有童年，誰也有祖母。指尖寫到了她的母親，那是一個在黑白照片上「美麗的好年華的女子，長辮依襟，黑髮蔥蘢，身體豐腴，面色白淨」。她一直微笑，被孩子們喚作王老師。小時候的指尖「固執地認為，做母親的孩子是很倒霉的事情。因為「她的忙碌，讓她忽視著我和祖母的存在。」指尖「在祖母薄瘦的背上」的時候，她的母親在很遠的地方，講課或者給她的學生孩子們「生起冬天裏的火爐。」她甚至「不記得」有沒有跟母親在一張床上睡過一夜。

體味到母親親近的時候，指尖已經做了孩子的母親。抱著孫子的母親，再度被女兒審讀。這一讀，讀到的是人世間至純至美的親情：「我是她愛著的孩子，這是真的。」「我們是親近的，親密的，相似而又親切的。」其實人的生命，就是在不斷的體悟中漸漸升華，漸漸走向完美的。那一朵花，一塊石子，一頁書，某次短暫的邂逅，某回偶爾的心跳，「原來也藏著稠密的、細碎的、隱約的皺紋」，「它像母親那密集的皺紋，內裏藏滿了故事，藏滿了辛酸，藏滿渴望，藏滿默不作聲的關切和熱愛。」她說過：「如果可能，我願意以我的生命，去交換母親的健康。」那是和妹妹一起落淚的時候。讀指尖的文字，我也想到了自己的母親。得補上過往歲月裏的忽略了，去關心和體貼老人。人同此心，心同此情，人生啊，大約都該在這樣的閱讀中淨化的。

指尖反覆地寫過咳嗽。她甚至把一篇文章的題目就標作《我的咳嗽》。有生四十年，每個季節都來的咳嗽，讓這位善於體察生命的山西女子寫出了不少文字。要是借用一下禪宗法眼的說法，算得上以咳嗽悟道了。她說「生命中好多東西是與生俱來的」，真是至理名言。殘忍的咳嗽來了，太陽也來了，盡管是束手無策，盡管「從來不是它的對手」，但是「冬天已經過去，春天還會遠嗎？」「因為它的存在，我才可能最直接地觸及到生活的本真，頓悟到生命的意義。」

人說，成功的人生要經歷至少二十次跳槽。十年中，指尖已經「有六個單位曾成為我寄予希望的最後宿地」。她不虛偽，不願意像別人說的那樣，把這些經歷講作是財富或遺憾。她說那是生命剛好到了那裏，為了不使生命停止，走了起來。她說「人若無路可走，便也不得不走，對錯由不了己，只問心吧。」人生之路，本就是摸著石頭過河，古話說，善易者不卜，把前面的路弄得太清楚了走，也沒有多大意思，何況本來就沒有誰能弄得清楚。推想，指尖的人生之路，會因了思考的清晰而越來越好。

指尖似乎對夜的感受很深很深。其實每一個人，每一個動物甚至植物，還有微生物，怎麼可能對夜，對白天和黑夜會沒有感受呢？只不過作家是用筆把夜寫了出來，把夜裏的感受記了下來。人人心中所有，人人筆下所無。夜是難熬的，可是作家也捕捉得到暗夜映襯出的溫情：「急匆匆裹了寒氣入門，同屋的兩個女孩，一個在繡花，一個躺在被窩裏看書，繡花的那個即將出嫁，臉上總含著淡淡的笑意。」

我看到了指尖的初戀，看到了「他從遙遠的城市來，在黃昏的公路上出現。」還有那條小巷：「但是有喜悅的，為著可與他一起行走或者小坐。」那條並不筆直、逶迤的根本看不到盡頭的巷子，竟然是一個天堂：「我渴望他把我毀滅。某些時候，毀滅也意味著最安全的結果。」真是不可方物，「初次愛情萌芽的甬道，只出於一個人的喜悅歡欣。」遙遠的記憶，被筆觸所及照亮，結出思維的紅果子，人生之況味，大家來品，不亦甘泉乎？

指尖寫過「紅塵」，寫過「我們的博物館」，頌過「私奔」，寫了「玉米」，寫了「即將消失的村落」，生命裏的方方面面，是有井水處就有指尖詞語了。記憶深的，是那篇《棉襖記》，是臨行密密縫的母親，在女兒出嫁的時候做的嫁衣：「艷紅緞面上，金色的纏蓮枝圖案，西式剪裁，立領，對門紐絆，照鏡一穿，依然可身」。只結婚的那天穿了的。這自然是母親做得最好的一件，可是此前母親做的讓指尖歡喜無限、直到別人都不穿棉衣了才下身的那麼些棉襖，一直是人生溫暖的源頭。書裏說是觸手可溫，這裏換做觸目可溫，彎貼切呢。

讀著生活的指尖讀了瓷。她說一個懂瓷的人心一定是安泰的，她說那些美妙的意境均來自於瓷。世界上有沒有瓷的地方嗎？那麼誰又不懂瓷呢？誰真懂瓷？懂與不懂，大家都用，有瓷，有碗，有碟子，人心就會安詳。人心安泰，世界就安泰，有瓷的地方就有幸福，指尖之魅力，或亦在斯。

《檻外梨花》的最後是一篇題為《在南關》的文章，記述了作者一家在南關那個報紙糊著頂棚、逼仄擁擠的老屋還有裏院子的生活。生活和生存給了大家一個體悟：「南關，原來是難關的諧音。原來是上天安排我們住進難關的，它在考驗我們的毅力跟耐心，讓你裸露真實的醜陋，好在，我們都順當地走過來了。」他，是舍不得讓勞累的，兒子，是心上的寶貝，家是幸福的港灣。在為指尖欣慰和祝福的時候，願天下人都過了南關，過了難關，安寧幸福，有多好啊。

指尖對人生的體察，是內省的多，假以時日，當筆觸在更多的意義上體察民生，觀照古意的時候，我們會見到更好的文字。

二〇一〇年二月十二日上午寫完，雪霽天開，艷陽高照，時為除夕前一日也。

八桂詩情光日月

正月初一，賀年短信連天，有廣西飛來的：「美鳳在桂北祝岳年君新春美好萬福溫暖！」遂答：

已聞清比聖，復道書如賢。
憑幾聽茶響，新年新氣象。
謝！讀書識得君子，佳事也。祝福！

就有回覆：「感謝偉大的互聯網，感謝岳年再祝新年萬福！」

大西北與大西南，遠隔千山萬水，本來素不相識的人，因為書，因了互聯網，就有聯繫，〇九年歲末，我書緣盛大，其中之一，就是劉美鳳君《風中行走》的到來。

是在網上知道了《風中行走》的消息。

先讀了《金邊耀眼的地方》的一些篇章，我被異域風情吸引了，看《風中行走》的後記，知道這兩冊書的寫作，是連在一起的。看書裏所說，心情喜悅。那天，我在書頁上用筆寫下陳與義的詩句：「倚窗承月看微熹」。在書冊上記下自己的心情，讀書人有此心境，可慶賀矣。翻著《風中行走》，南國風光似已奔來眼底。

劉美鳳在自序裏說：「風中行走，邊走邊看。心中塊壘，筆底波瀾。」覺得這話準確，凡有所見，即有所感，已有所感，即有所述，這個本領，不是每一個人都有的。

《我的父親母親》，是人人都應寫的題目，卻不見得人人都能寫好的。美鳳最愛的是父親，寫父親的文字只有十頁。美鳳曾經氣得沒法的是母親，可是寫母親的文字卻有二十八頁。不過貫徹全書的父親，又是美鳳永遠的懷戀。出嫁女兒是為了交易，嫁出去了想要她離婚，後來是賭博，輸光了家產，輸盡了人生，讓債主堵住女兒讓還錢，臨終女兒連看也不想看了，這樣的母親人間少有，可竟然還真就是美鳳的母親。引人入勝的文筆之外，有令人心酸的往事。不過，人生因果，恩怨自不可知，結果出乎意料，似也自然。不好的出發點，引來一樁美滿的因緣，不知是美鳳哪世修來的。大有福氣的女兒，有如是陳說：「父親、母親：感謝你們給了我生命，感謝你們養育了我，我愛你們！」母親：「若有來生，我還做您的女兒吧，不然，您靠誰呢？」自然也有對母親的祈求，不要再撕我的書，不要再燒我的書。

文字是沈痛的，文筆是優美的。讀美鳳是散文，是我年節裏的一大享受。

《嫂子》裏是一個生活在現代，卻有著傳統女子溫良恭謙讓美德的女子，美鳳的父親因為她而享有了人世間最後的溫情。嫂子在父親去世後南下打工了，「在回家時，我只能聞到嫂子栽種在後園裏的淡淡的丁香香味。」悠遠而綿綿，一篇讀罷我憑欄，祝願這女子，後有福報，能心意遂順。

對待欺辱，少年美鳳的對策是打，打得贏打，打不贏也打，小有名頭而得老師理解：劉美鳳打的是不平等！這樣的敘事出自於一篇《蘭花》，可云稀奇。蘭花能和打架結緣，亦雅緒也。友誼與蘭花並開，溫馨和可人同在，這蘭花養得值。蘭花宴上癡欲狂，君子氣息伴我眠。有朋友的美鳳是幸福的，不僅朋友是她的解人，蘭花更是她的解人。人生有蘭花相伴，不亦君子乎。極難得的是，美鳳的夫君，為愛人帶來滿屋子的蘭花，一花一世界，一葉一如來，花滿屋，情滿屋，光風霽月，妙不可言。

近世國人同學多了，似已於五倫之外再添一倫，或曰第六倫。美鳳寫到了同學聚會。是親熱的聚會，是歡喜的聚會。但是韶華已去，人心也變，散了是最好的結果。美鳳的同學曾榮病重，捐一百元有人不幹，捏著退回的五十元，滋味難受。當曾榮離開人間後山間孤墳隆起後，《同學的情誼》裏那引著迷路人走出困境的歌聲，便從心底裏飄向天國。

書裏的一輯文字是「嘆世界」。應是考古無餘事。工作調動竟合了冥冥中早存的心願。美鳳的人生，至此闊張。看考古現場的悄無聲息，她說「尊重他人，敬畏生命是人最起碼的品德。」她相信會在那裏遇見一兩個靈魂，可以古魂今訪，盡情溝通。文物所裏輕撫紋飾的美好心境，也是人生的物化呢。

看美鳳以「風吹盡」為第五輯標題，不免佩服作者的錦繡心腸。《替罪羊》裏有具體的敘事，是一回真實的體驗，不過托出的意義不多。當然道理，是人人都能懂的。是啊，人誰能不被抓了去，替一回罪呢？只是多或者少而已。當然作者是說了，終有一天，替罪羊的遊戲會被擯棄的。

看到「我見小官就怕」幾個字後，幾乎要笑出聲來。這女子，寫出了天下人的心聲。當官是一時的，做人是一世的。是俗語，也是真理。寫過了官，寫小姐，杏眼圓睜的女孩提高聲音的叫聲「你媽才是小姐。你姐你妹你老婆你嶽母你外婆你奶奶通通才是小姐！」也是社會流變的寫照。一個詞彙的演變成了一個時代演化的小照。「喝酒也是生產力」的指令，挺不住的時候現場直播，是美鳳的記錄，古今多少事，都付笑談中，何況酒場人生？都是美鳳勸誡。

《一葉落地》寫得漂亮極了。縣領導到小寺裏去不稀奇，因為人，總會有追尋有想往，那呼風喚雨吆五喝六的領導，未必就事事如意的。我的童年我的得勝路大街，那是怎樣的記憶怎樣的呼喚。

那看著病歷本的醫生發問：「你就是寫文章很好看的劉美鳳嗎？我說我是寫文章的劉美鳳，但不知道自己寫的文章是否真的好看。然後抿嘴一笑，好開心。」這難道不是讀書人的夢境？

「假如沒有靈感寫作，我就讀書；假如讀書沒有心得，我就動手做家務。灑掃庭院、洗滌地板、擦抹窗戶、拆洗被單，這些都是我所喜歡的。假如做家務時突然又有了靈感，那麼我會立即投入寫作，我才不管忽然有客來訪，說這人的日子怎麼過的如此亂七八糟呢。」美鳳君是求文得文的人，這心情的愉悅，乃是不可方比，幸福著呢。而這幸福，又與常人的想像有著天差地別般的區別，盡管老杜早就說過文章憎命達的話，我還是願意抄下來：「我能寫出好文章的時候，通常也就是我生活際遇不好，倍感人生蒼涼的時候。那時候，無論我的情緒多麼惡劣，但只要我堅持看一會書，或者面壁朗誦幾首詩歌，情緒就能得到恢復。為此我堅持認為，文學是人生際遇的反向延伸。愈是在生活中歷經滄桑的作家，愈能把握文學奇異隱秘的境界。」

美鳳君說，她在寫作中體會了無窮的生活樂趣，寫作的報酬就是親朋好友的溢美之辭。「幾十年來，我從未停止過讀書寫作，其實就是為了更好地生活。為了活得更好。」「我隨身攜帶的包裏也從未缺過寫作用的筆和筆記本。」

她說讀書寫作的文字我只是嫌少，她說時代孤獨的文字我不願讀。

得勝路上的劉美鳳懷念生命中溫暖著自己的父親，那份化不開的情結，那借款借物，極守信用的人們，那無法講清楚的神秘而玄妙的貓骨手鐲，那上吊而死的歐陽狗妹，那被狗妹救活的牛妹，那該寫和不該代寫的信件，尤其是情書，老屋易主的得勝路，還有感冒後碰陽的德勝路人，得勝路上的神醫張師傅，八卦大師唐奶，那些神神道道的小腳女人們，恍若隔世的得勝路，從過去走向了現代。

書末的劉美鳳寫了一篇《把鄉愁傳給你》，她邀請讀者來看自己的故鄉荔浦得勝路。看過南薰門的劉美鳳說：走。就走到了大路上，走進了陽光中。那麼《風中行走》的歸宿，便是大路和陽光。

懷著歡喜讀完美鳳的書，已是子夜時分，仰望滿天星鬥，我高興地合上書，進入夢鄉。

二〇一〇年二月十八日晚間抄出

董鼎山

藍英年微笑著對朋友說，你一定要讀董鼎山。應該是在知道海外的蘇柳和大陸的陳子善都說過，「你一定要讀董橋」之後。馮唐反對的聲音「你一定要少讀董橋」應該在這之後。龔明德先生對我說，董鼎山的書好讀，是他喜歡的。明德先生說過後，我和友人談起過，很久，也沒有引起重視。

直到《紐約客書林漫步》被打開。這二〇〇一年百花文藝版的大書，給我帶來了不小的驚喜。正應了那句老話，新思想都放在舊書裏。薩特，這位存在主義的大師，竟是這樣的不堪嗎？架上的《薩特傳》裏的主人公不是這樣的。在「政治上實踐了自己的哲學觀點，又用文學介入了政治鬥爭，在哲學、戲劇、小說、評論和社會活動等各個領域都取得了卓越的成就。」一個子矮小、其貌不揚，從三歲開始就幾乎瞎了一只眼睛，還著作等身，最終成為一代偉人和哲學大師，去世後巴黎萬人空巷相送，法國總統德斯坦到現場，並聲稱「薩特的逝世使我感到人類智慧的一盞明燈熄滅了。」這薩特，竟然是一個玩弄女性的老色鬼？他的波伏瓦情侶竟然是一個為他拉皮條的性奴役者？邵洵美鍾情過的項美麗浪漫於香港，邵洵美並非其愛侶等等，董鼎山解開一個個謎團，文筆也流暢輕鬆，哪裏是三十年未用中文寫作，「第二個寫作生涯」才開始的人的文字。作者不過是謙虛耳，我們「切勿上當」，切勿錯過。

接下來找到的，就有《董鼎山文集》，還有正在連載的《紐約客閒話》。順便說一句，這扎實厚重的文集是張放教授編的。而手頭翻檢的，正是張放教授的新著《課堂下的講述》，還有董鼎山胞弟董樂山的《邊緣人語》、藍英年的《尋墓者說》。藍英年是董鼎山赴美三十年後再用中文寫作、在大陸重新發表文字的約稿人。都是值得我紙上造訪的人。

董鼎山十四歲在寧波發表文章，四九年後阻隔異國，從事研究和著述，他對中美文化交流最有貢獻的，是在美國介紹中國文明，在中國介紹美國文化，和對中國文化進行的反思。對我們所屬的時代來說，他是英美文學兼亞洲資料的專家。

說起來，他是開放後對美國文化進行卓有成效介紹的第一代人，與此同時，他對中國文化的反思也頗有見地。所有這些，都源於他所受到的教育，和他的家庭，他的親人。家是「聯合國」，他是華人，妻子是瑞典人，女兒是美國人。這一切中，最特別的，是他那個受苦二十年，在大帽子之下，在勞動改造中翻譯出了《第三帝國興亡》、《一九八四》這些超重量著作的一流翻譯家董樂山，那時的董鼎山，被人進行介紹的時候，一般都說「這是董樂山的哥哥」。

八十八歲了。在董樂山去世十周年的時候，董鼎山寫出了《至愛兄弟》的深情文字，有情有義，感人至深。我們多災多難的民族，幸虧有了七、八十歲兄弟的會面，可是也還有過了百歲沒有見面的親人，因了那場翻天覆地的內戰。這就是源泉，生生死死，沒齒不忘，地老天荒。

董鼎山的文字也是較早打開的「天窗」，看先生筆下，美國文化的面面觀，即便是在國門大開的今天，也還有許多耐人尋味的地方。比如對紅燈區，對腐敗，對少數民族等等。作為大陸進步的旁觀者，董鼎山有好的建議。他是試圖以美國之石，來錯中國之玉的，他孜孜不倦，至今仍然幾乎是天天在寫，他的對象，就是僑胞和十三億中國人。一個八十八歲的老人，天天看天天寫，留下的是善言良言。他說中美之間有爭執，但不會發生核戰爭，人類不會自己毀滅自己。至親的弟弟董樂山就是因為這話和他鬧翻，直至陰陽兩隔時。兄弟魚水，憾重於山。為誰為什麼呢？至少，說為自己說不通。

在許多年的生活中，董鼎山對故鄉文化陌生了，女兒對中國陌生了。這成了他的心病，妻子說：「你是越老越趨向中國化了」，他承認，並搞隔代傳承。孫女在爺爺的教育中親近中國了，他是樂了的，願意讓孫女做中國人。《過節的意義》是他在美國寫的，置身故鄉的我們讀來，意義又不一樣。年紀越大，越想吃中國菜，「我懷念我童年時拿到壓歲錢的快樂。」故鄉之所以是故鄉，與童年，與故鄉與精神的關聯可能更為密切。

民族歧視語言問題是《黃臉人的敏感》所談到的。作者筆下的黃臉人，也就是自己，是戲耍了那個以貌取人做工的白臉家夥，可是筆觸所致的深切感慨，卻和我們民族的崛起有大關系。這其實也是董鼎山所有文字的命意所在。

在美國，有線電視臺為知識分子作節目「關於新書」和「新書關註」，主播蘭姆讀了四百部書，採訪書的作者當然深度足夠。相比時下我們的情形，就有遺憾，或是主持人不讀書，往往隔靴瘙癢，或是如百家講壇，播出的時間是讀書人無法看的時間，連龔明德先生也大呼為讀書人做的節目要照顧讀書人的收視時間。十幾年了，我們的電視臺在這方面沒有做出明顯的特色來，別人的做法，對改進我們的工作，或許也還有意義。

近日讀到廣東高考《常識》的零分作文，說「從早上很早就要回到學校了，有多早？七點。作為一個老師，你竟然還很無恥地告訴我們，人家哪間哪間學校，六點多就全部回到教室看書了。」「本來我想舉個例子說，人家美國……可惜啊，信息來源實在是太封閉了，只能聽見老師說，人家哪間哪間學校，卻從來不會聽見老師說人家美國。不舉美國的例子沒關系，老師，我告訴你，中東那邊，很生氣的人，喜歡玩人肉炸彈的，這是ＣＣＴＶ的新聞連播說的。」也就是零分作文，計較不得。其實從董鼎山的文字看，美國還真不是什麼都好。那些個讓知識分子填表的黑人妮子，強讓填寫膚色以區別少數民族的做法，就不能恭維，美國一般作家的文字不能結集，相比起來，中國當代的作家們，可就幸運了。

美國的越戰回憶文學，是關於和平的好教材。那麼多的回憶錄，說的就一句話：美國瘋了，人類瘋了，世界瘋了。不是董鼎山說，還真和我們隔膜著。雖說這些似乎和我們離得很遠，小百姓也用不著為那麼遠的事操心，可是驚心動魄的語言放在那裏，是這個世界一員中的一分子，就沒法子掉以輕心。美國的那個將軍說：「我們的任務不是贏取地域或襲取陣地。我們的任務是殺！我們必須盡可能的多多殺死共黨敵兵，把他們像木頭一樣的堆起來。勝利便是敵人屍體數目多，失敗便是敵人屍體數目少。戰爭等於數學。」一個當年高中畢業去參軍，報道前的午夜，為電視臺播出的星條旗國歌而熱血沸騰小夥子，在越戰中脊椎中彈，後來是輪椅代步，退伍後成了最激烈的反戰領袖。戰士說：「我們的作戰不是為了什麼偉大的目標，只是為了自己的活命。」董鼎山說：「戰爭對士兵們毫無意義，美國參戰的失敗原因之一就在於此。」整個美國都感到了作者的怒火沖天，從古知兵非好戰，中外都是一樣的。我們那些身經百戰的將軍，也不看戰爭電影，說戰爭很殘酷，只有沒有經過戰爭的人，才願意看戰爭片。

《收入奇高的神怪作家史蒂芬‧金》一文透露出美國教育獨特性：「我尤記得許多年前，在學校上創作課時，老師歐尼‧賴特教授老是叮囑，寫作必須養成習慣，即使文思枯竭，每天必須要強迫自己打出幾頁來。史蒂芬自幼養成這種寫作習慣，文思絕不枯竭。他每天必非打出五至十頁不可。每年他只有三天停筆：聖誕節，七月四日國慶節，自己的生日。」

什麼樣的教育產生什麼樣的人。董鼎山的現身演法，史蒂芬‧金的榜樣引領，愛好寫作的人，和我們的語文教育，不可輕看。

二〇一〇年三月十六日

童銀舫的書

藏書兩萬餘冊，名列寧波市首屆十佳藏書家庭。編書修誌，親炙大家誨說，想要童銀舫在文化上沒有成就，都難。

只是，沒有想到這麼快就能看到童銀舫的書，沒有想到銀舫兄是我的同齡人。他寫了幾十本書，數百萬言。

但是書，確實好。或許，我從此就打開了一座富礦。曾聽說過，一個市政府給一個讀書的民間團體一次性撥款十數萬元辦讀書雜誌，惹得讀書種子向往不啻，願意飛升而至，領略美意。後來看書，知道是那裏有一個童銀舫，善作疏導，常常為書香事業賡續，一做一回貢獻，急人所難，一開一個局面。真的是有一個人，就有一份事業，一番風光。

慈溪是浙東名邦。旅日僑商、辛亥先驅吳錦堂「為愛湖山堪埋骨，不論風水只憑心」的胸襟和鄉親們「抱濟世熱忱，推食解衣，不愧萬家生佛；奮海外事業，含辛茹苦，允推當代人豪」的評價，頗能代表這一上善之鄉的人情。許多年來，慈溪市佛教文化團體為我寄贈過書刊，從其中，我領受了難得的溫暖和滋養。說得再早一些，撇開政治紛爭帶來的不快，我們與先輩們都沐浴過那裏散發出慈悲和浩瀚。然則慈溪來書，於我是親切中事。

可惜，慈溪方面收集大家讀童的《書迷童銀舫》，我尚未見到。但再想，見或不見，又有何妨。料我之嚮往，定不在友人之下。

應該是稱作先生的，我且謬作童兄呼。待見面時再行賠罪則個。以兄為稱，在學問上「兄事之」，來得親切隨意，也是古老的傳統，我且於自在中行文。三月三十日，童兄自慈溪給我寄來《上林文叢》第二卷，和慈溪研究余秋雨的文集，《溪上書香》，還有我至為喜歡的《流響集》，以及《上林》雜誌今年的第一期等等。這期間我出差了。到家，第一個看到的就是這麼好的一包書。那一天，我都在歡喜中度過。不管世界上有多少人非議余秋雨，但寫出《文化苦旅》和《山居筆記》的作家，有足夠的理由讓他的故鄉自豪。那書啊，是故鄉對遊子最高的獎賞與呵護。童兄之所作為，是慈溪的光榮，一定會載在史冊中。

《流響集》幾乎都是回憶性的文字。《姜東舒小楷前後赤壁賦》我也是在八二年買到的，他是「驚呆了」，我是珍藏了。他做了「姜迷」，那是「中國小楷第一人」，是「中國當代楷書之王」，值得「迷戀」的。童兄幸運，收得姜老信箋二十余通，真個是「大江通皓月，千古頌深情。」（洪禹平贈姜老詩）。以一例三，童兄以「鄉晚」身份所交遊者，俱鴻儒也。夏衍、林杉、路工、錢君匋、周劭、洪丕莫、袁可嘉，還有「我似車輪四角方」的范無傷，二十三人，哪一個不值得一世相師，輩輩傳頌呢？交往史，也是成長史。心路斑斑處，文明從此生。陳墨說：那是一冊關於慈溪文化的備忘錄，是一條有關慈溪文化的絲綢之路，是一塊關懷慈溪文化的精神高地。洵非虛言。

有書，有人，又重情重義，家庭也是「書香之家」，童銀舫贏得了大家的信賴。慈溪的文化人被感動了，慈溪人被感動了。我也如是。身處塞外的我，可云有福。春日展卷，晤對心靈相通的江南友人，快何如哉。且用手機適時發信，以書下酒，呼我童兄，浮一大白。

二〇一〇年四月二十日向晚

桔子

小傳：桔子，生在新疆，定居成都。曾用名橘子。讀書愛書，經濟養身。商界奇女子，及物愛花人。天上地下，南北東西，足跡遍中國。有言自述：「我是自己豐饒富裕的源頭！」

二〇一〇年一月三十一日，桔子在博客「桔子樹下」貼出《悅讀宣言》：

我們聚合在一起：
讓閱讀成為習慣，知識成為能量，分享成為方式，成長成為目標。
讓我成為我們，讓愛流動起來！

以為是尋常的帖子。兩周後，我前往作客，留言祝福：

瑞雪積豐門，閒陽照景深。
又到換歲時，圍爐思故人。

笑斟一杯酒，遙舉香可聞。
恭祝身康泰，永葆快樂心。
新年快樂！給君子拜年！

自然有回應，那是佳節裏的佳音。

若僅僅發個宣言，也就意義有限。然而桔子做起來了。她發起組織了一個讀書沙龍會。一撥年輕人參與其中，來讀書，來交流，還取了個響亮的名字：「悅讀讀書會」。我告訴桔子，徐雁教授任會長的中國閱讀學會會刊就叫《悅讀時代》，由廣東的徐玉福兄主編。桔子以未謀而合，格外高興：「呵呵，英雄所見略同。」

好一個英雄所見略同！億萬濁世男兒轟轟然弄書香社會，昏昏然名利場中熱鬧，其心昭昭，其行嗷嗷。而桔子，一介弱質，一個水做的骨肉，竟激濁揚清，於芙蓉國裏，起一樓閣，聚一沙龍，人手一書，一書一友，人人讀，也人人寫，還斥資建讀書網站，辦論壇，宣誓讀好書，欣欣然樂此不疲。

桔子新文《弱水三千，我只取一瓢》，被報刊登載，稿費在年關前飄至。桔子笑云：「一杯茶耳，以侯君子。」友曰：「且待來日一飲，品其溫清。」

桔子真英雄也，在巾幗叢中。那橘子輝煌，橘子在線，那桔子橘子紅黃，在天涯雜談，在散文天下，在閒閒書話。議論風生，勝友如雲，筆下仙人活，字中意氣生，蓊蓊郁郁，雲蒸霞蔚，何克勝道。屈子謂：後皇嘉樹，橘徠服兮。生南國兮。紛其可喜兮。與長友兮。可師長兮。

桔子亦讀書種子也。常常讀到她自芙蓉國裏寫出的文字，友人說那是給書界添香的妙曼紅袖。今古風雅，綠水青山，桔子筆下流瀉的是輕靈活泛的泠泠山泉，是脈望縹緗瞻仰的汗青古意，有在山之清，無塵埃之染，從峨眉山普賢菩薩的洗象池借來，從都江堰浩渺的韻意裏出來。

文明的真意是向上，文化的精髓是踐履。經世致用，是華夏傳統的高境界。浸潤於其中的桔子，入行於商，出入於利，不為其鎖，未改其本色，增益其明慧，揚君子之風雅。南北東西，陸海藍天，霓裳逸影，辛勞中為團體謀，為文明謀，所獲多多。難能處在列車上，在航班上，心未曾安，筆不停揮，結撰得錦繡華章，發布後散落人間，歡喜是大家的，喜悅是無量的。

蹁躚仙家子，今是性情人。

入世而出世，傾國亦傾城。

天山的桔子，南國的桔子。

錦官城裏，芙蓉國中，府河之畔，浣花溪上。有了桔子，有了悅讀，是大幸事。

二〇一〇年二月二十五日午間錄入，改定於春光明媚的午後

懷念巴金

提筆寫下這幾個字的時候，我的眼睛濕潤了。照說，我不夠格，因為我沒見過他，也沒有交往過。我不過是《家》和他的書的千千萬萬讀者中最普通的一個。可是我還是要說，懷戀巴金，是人生路程中最溫暖的事。余生不晚，他寫鼎革後最長小說的那年，我出生了。後來在同一個陽光下，又生活了四十年，是他生我未生，我生他尚在。但是懂他，理解他對於我們民族的意義，已經是他離開之後，再讀《隨想錄》和周立民的《五四之子的世紀之旅／巴金評傳》，我已近天命之年的事了。

他講人性講人情，他要人道主義，他要無為而治，他要趙丹的話：「管得太具體，文藝沒希望」。王任重殺氣騰騰，胡喬木責難不已，他和周揚、夏衍被認為是三個搞資產階級自由化的頭子，甚至老資格的高官在中央黨校破口大罵：「那個姓巴的最壞！」總之是官逼。但是他說：「倘使一經點名，我就垮掉，那算什麼作家？」「點名批判對我已非新鮮事情，一聲勒令不會再使我低頭屈膝。我縱然無權無勢，也不會一罵就倒，任人宰割。我想不通，既然說是『百家爭鳴』，為什麼連老病人的有氣無力的嘆息也容忍不了？有些熟人懷著好意勸我盡早擱筆安心養病。我沒有表態。『隨想』繼續發表，內地報刊經常轉載它們，關於我的小道消息也愈傳愈多。彷彿有一個大網迎頭撒下。我已經沒有『脫胎換骨』的機會了，只好站直身子眼睜睜看著網怎樣給收緊。網越收越小，快逼得我無路可走了。我就這樣給逼著用老人無力的叫喊，用病人間斷的嘆息，然後用受難者的血淚建立起我的『文革博物館』來。」

那時候我正是大三的學生，學校組織學習並下發的，是胡喬木的論資產階級自由化的小冊子，我借讀的是他的《隨想錄》，很為其中的思想所打動。後來我買了一冊《隨想錄》，珍藏鄴架。

現在我知道，他晚年的寫作，反映了捍衛和表達權利的抗爭過程。他在《五四運動六十周年》裏說過：「我們是五四運動的產兒，是被五四運動的年輕英雄們所喚醒、所教育的一代人。他們的英雄事跡撥開了我緊閉著的眼睛，讓我們看見了新的天地。可以說，他們挽救了我們。」「我反對你的觀點，但我誓死捍衛你說話的權利。」啟蒙思想家伏爾泰的名言，和巴金的書連在一起，為我們繼續啟蒙，是我們的福氣。

今天，我們在享受以巴金為代表的前輩們為我們支撐過來的空間。其實當年他寫《隨想錄》，本也就是為了讓大家有一個美好的未來。

一九四九年之後，他寫過一部十多萬字的作品《三同志》，一九六一年脫稿後，只有他的妻子蕭珊看過，此後就在箱子裏鎖了三十年。一九九一年《巴金全集》出版，這部他後來最長的小說才和讀者見面。他的作品有這樣的待遇，是極為罕見的。本來此前，他有反映志願軍生活的作品《團圓》，後來在夏衍的關心下拍成電影《英雄兒女》，至今還在上映。他是努力在改造自己的。但是他符合不了條件。巴金的得救，是他的良知。一部《隨想錄》閃現的光華，是人性中最可貴的。

好友林偉光在他的《南方的笑貌音容》裏說，「一個有良知的老人，拼著衰朽之軀，以顫抖的手為我們，為後人建立了一座文學上的『文革博物館』。」巴金當年沒有想到，思想和言論可以被定罪判刑，後來的人最好也不要碰到這樣的事，那麼這個「文革博物館」的意義也就實現了。我們祈禱。

伍立揚有言：「專制社會，最是生長騙子的土壤，情感騙子和政治騙子一樣出色一樣生生不絕，他們運用了組織，控制了民眾，滲透了社會的陣營，施用了毒辣的謀略，真是民族之極大危機，也是人類無比的厄運！」

無端記起美國人的招兵廣告：來當兵吧，當兵沒什麼可怕的。當兵無非兩種情況，無非會遇到兩種情況：有戰爭或沒有戰爭，沒有戰爭有什麼可怕的？有戰爭無非兩種情況：上戰場或不上戰場，不上戰場有什麼可怕的？上戰場無非兩種情況：受傷或沒有受傷，沒有受傷有什麼可怕的？受傷無非兩種情況：受重傷或受輕傷，輕傷有什麼可怕的？受重傷無非兩種情況：治得好或治不好，治得好有什麼可怕的？治不好更不可怕，因為已經不需要治療！

我們需要治療嗎？應該還需要的。

周立民的書裏說，隨著巴金的遠去，許多人說「五四」時代結束了。我是寧願「五四」永在，因為「五四」所承擔的啟蒙任務，還遠沒有結束。

說巴金會挽救我們，或許有人不信。但是我確信，若是由於《隨想錄》這座「文革博物館」的存在而不再發生浩劫和內亂，則是我們和人類的大幸福。

二〇一〇年八月十四日傍晚寫

天涯・書生活

十二月一日早上，打開電腦，收到了一個消息：

發送者：天涯社區　日期：2009-12-1　07：52：00

生日蛋糕：祝你生日快樂（數量一，加一百九十分）

留言：今天是您在天涯四周歲的生日！

長長的距離，長長的線，長長的時間抹不斷天涯與您無處不在的相逢！

（溫馨提示：您的ID生日來源於您在天涯的註冊日期）

哦，混天涯已經四年了。

想起二〇〇九年四月十九日，書友暗香盈袖博客文章《簽名本風景／最近在網上買到的書》裏談到《弱水書話》時的話：「此書作者黃岳年先生恐怕知道的不多，但是長混天涯的書友，恐怕沒有不知道《閒閒書話》版主『弱水月年』的，這就是黃岳年先生的天涯網名！他的書話作品一直是我喜歡閱讀的風格，春節後就聽說他出了本書話集，於是多方打聽，原來是《弱水書話》，中國文史出版社出版。承蒙文泉清兄玉成，我非常及時購買了黃先生的這本書，毛邊本，毛筆簽字題鑒，我的書法不好，但我感覺黃先生的字很漂亮，貼出來大家看看。」他還貼出了書影、版權頁、目錄。心有感焉，不免一熱。

二〇〇五年十二月一日，這是天涯社區我的主頁上顯示的註冊日期。就是說，我在那一天註冊了弱水月年這個名字，一直使用到現在。弱水，是見於古代典籍，養育我故鄉的一條河，大禹治水的時候侍弄過的。把地望放到名字裏，亦傳統也。或許更早一些，我來到過天涯社區。但是我在網上發表文章，開始於這一天以後，盡管之前也編印過幾部書，在書刊上也發過一些文章。第三天，我在閒閒書話發表第一篇文字，題目是《願意讀書的人，就是有福的人》，調閱記錄，這篇文字的訪問量為六千四百二十人次，跟帖回覆的有一百八十九人次。這個帖子從此在網絡間流傳開來，轉載，或化為紙質，不一而足，在網上看到《華商報》登載了，我打電話詢問，想要一張報紙看看，人家也不理。但是我還是很滿足，看看這些朋友的跟帖，還有什麼可以代替這份喜悅呢——

5kzhz0：百味人生乃書香——願意讀書的人，就是有福的人。

綠槐：愛讀書並能寫文章的人是真正有福的人，這樣的人生活的時間和空間都更廣闊，對人生有更深的感受。

守望古典：這樣的心境，才是真讀書。

董桃福：是啊，人生在世，能閱讀是福分！

cmdmfg：一本書＋一壺茶＝幸福

zhiqiu82：呡一口冒著熱氣的清茶，圈坐在溫暖的陽光裏，細品一篇滿口浸香的文章，該是一件多麼愜意之事！

天涯檔案告訴我，我已經在天涯上發表主題一八〇個。我登陸了三〇四〇次，發表回覆五一三二個，社區積分是一二七八一六。我還在天涯上建立了自己的博客，寫一三九篇博文，有六二一個評論，博客的訪問量是一〇〇〇七次，最新的留言是龔明德先生打電話吩咐，我寄書相贈，而後結緣的蜀中出版家吳鴻寫出的：「你好！我是吳鴻，大作收到了，謝謝你！我現在在海南三亞，向你問好！！」這就是我的天涯生活。

我來天涯，最初是來天涯書局，在那裏，我買了許多書，有些店家本身是大讀書人，後來也成為朋友，和他們交往的益處，有非言語所能盡述者。有一件事我難以忘記，那是買精裝本《夏承燾集》，由於缺了第六卷，整套書的價格就只賣八十元，我囑咐賣家，再碰到了就給我留下。過了很久很久，我都快忘記了，身在浙江的店家在書局發出帖子，說找到了這一卷，申明要留給先前買過的人。無意間我去瀏覽，看到了那個帖子，真的打心底裏感動。這樣，完整的八卷書，就入了我的彀中。

我更多的時間，在閒閒書話。這裏是高人如雲啊。名家大家與草根同在，和光同塵，大隱於市，遊戲人生，很有意思。

好友中，河南的劉學文，秦安的韓育生，長安的呂浩，北京的董小染，四川的桔子，山東的袁濱，鄭州的朱虹霞，廣東的林偉光，內蒙的馮傳友、湖北的李傳新等，都是因為書而在天涯相識相知的。說天涯讓我勝友如雲，一點也不為過。

通過天涯去朋友們的博客讀帖，是很開心的事。榆林話書、秋緣齋、染染書坊、長安呂浩在天涯、桔子黃紅、秋禾話書、俞曉群的博客，都是我常常去的地方。書情書色，歡喜依依。

亦師亦友的龔明德先生在天涯開了讀書堂，天天去那裏做客，討一杯書茶喝，大長見識。那裏的朋友多，聲氣相通，是愜意的事。

帖子被媒體轉載，總的來說是讓人高興的事。我好像沒有養成投稿的習慣，多是朋友看到後，覺得刊載一下好，之後跟我取得聯繫後登出來的。陸續刊載過的書刊，有《出版人》、《人物》、《博覽群書》、《書脈》、《出版商務周報》、《藏書報》、《海南日報》、《太原晚報》、《溫州晚報》、《汕頭日報》、《汕頭作家》、《廈大校友通訊》、《華文》、《溫州讀書報》、《清泉部落》、《書友》、《崇文》、《開卷》、《書香》、《芳草地》、《中國紙牌》、《聯合日報》、《酒泉日報》、《張掖日報》、《詩歌月刊》、《點滴》、《悅讀時代》、《閒話王稼句》、《日記雜誌》、《甘泉》、《海潮》等。

阿泉辦全國第四屆讀書年會，在閒閒書話發表了專門邀請我參會的帖子，引起反響，我應命前往呼和浩特，種得善因。回來後陸續貼出《草原日記》，阿瀅兄說他那時也是天天打開電腦，就看這個帖子，了解會議情況的。此帖與阿泉後來的《草原盛會萬次帖》一起，構成了閒閒書話對讀書年會規模最大的一次介入和報道。也就是那次的會議，讓我接通了和讀書界的書脈。自牧、鄒農耕、于曉明、譚宗遠、陳克希、董寧文、蔡玉洗、蕭金鑒、陳學勇諸先生，就是在這次會議上認識的。

到二○○六年的年底，我整理文稿，寫出自序，弄出一冊關於書的書。王稼句先生欣然為之作序。二○○八年，《弱水書話》在自牧兄的幫助下面世。閒閒書話版主孟慶德撰文評說，南京徐雁先生囑門弟子榮方超寫出了文質具美的書評，好友嘯虹輯錄了《弱水書話》語錄，也寫了詩意盎然的述評，金陵名作家王振羽、嘉興范笑我、包頭馮傳友相繼在博客發文稱許，馬維學兄還寫詩論書，書界一時聳動，不能說好評如潮，卻已然深慰我心。

二○○九年六月，《弱水讀書記》進入臺北出版程序。朱虹霞君為這冊書寫了優美的說明性文字，就印在封底上，為書冊增色不少。九月底，正體字版《弱水讀書記》如期出版，書愛家張阿泉說：「封面是素淡的金魚與荷葉，書名也是綠的，整體很雅致，明顯體現出了臺灣書籍的設計風格。」在這個過程中，蔡登山先生成為值得信賴的朋友。在王稼句、龔明德、徐雁先生和阿泉品題之後，林偉光、袁濱、呂竹君等讀書大家，相繼撰文，給予《弱水讀書記》很高的評價。吳浩軍教授甚至以「河西第一讀書種子」為題著長文推許，雖曰過獎，但情實可佩。這些，都是不能忘記的。

在《弱水書話》自序裏，我曾說過：「當然要感謝天涯社區的閒閒書話，因為我的許多文字是在這裏得到批評和指正，減少了錯誤的。」

是啊，說起來我的住處，在偏遠的大西北，古代是太陽的老家，崦嵫日，垂垂沒，太陽落山的地方，說的就是這裏。「單車欲問邊，屬國過居延，大漠孤煙直，長河落日圓。」詩的本事也在這裏。其周邊，距離近一些的幾個中等城市，都要在三百公里開外，要說有那麼些愛讀書的人交流，真的是不容易。在包頭開會的好友本來是想來的，可是一聽說還要一千多公里，就打了退堂鼓。馮傳友兄出行額濟納，到距離我家六十公里的山丹縣城的時候是晚上九點，再讓他趕過來，就說司機已經開了七個小時的車，不敢再動了。我只好趕過去，聊到深夜兩點再回來。你看看，要會一次知心的朋友，該有多難。

所以要感謝，並珍惜天涯社區，泯滅了時空，貼近了心靈。在紀念天涯浪跡四年的時候，我的第三本書話性質的集子也已經編就，並交付出版，屆時一樣會奉獻於友人。這都和天涯分不開。是天涯所賜予的因緣，成就了我的一部分人生，和書香之夢。我樂此不彼。

二〇〇九年十二月三日晚間寫出，四日雪晴後改定於陽光中

過去的十個月中，時光飛馳如梭，閒閒書話已有《十年文萃》結集，發展自不待言。拙文收入，附驥流布四方，榮幸之至。新書發表會那日，我雖未躬逢其盛，但小兒「替父從軍」，卻也別有收穫。方家照拂，銘記在心。書話惠我，已兩代人。「第三本書話性質的集子」已經出版，即《書蠹生活》。念我些許進步，多拜書話所賜，故不揣淺陋，再申謝意於此。二〇一〇年十月八日晚間又及。

祭書之事

滬上博古齋陳克希先生，近日寫了一篇文章，題目是《祭書》。看到之後，很是感動。克希兄說，那是過去時代的讀書人，主要是藏書家立下的規矩。

兩百年前，吾家丕烈公的祭書活動，就最有名，那是到了一年向尾的某一天，把自己心愛的書陳列在案頭，藏書多的，大抵只是選取少量有代表性的，多數還要用鮮花酒醴作供，焚香，然後大禮參拜，口中念念有詞，不外是「長恩默佑」、「子孫永寶」之類的虔誠吉利話。

繼續回到克希兄的文章上來。《祭書》之後，克希兄又寫了《祭書餘韻》，說「早已準備了兩年祭用之書」，是十個人的書，這十本書的作者是譚宗遠等「當代書話家」，他說「這些書友之著作讓我受益匪淺，夠資格登我家祭壇。」我也忝列其中。這如何克當。拙編與這些讀書大家並列，已是惶悚，以當代書話家名，更非我所敢夢見。

可是祭書之事，卻讓我心有動焉。見賢思齊。我也預備今年的可祭之書了。

先選書。

清刻本《華嚴經》、《四庫全書總目提要》、《雲笈七籤》、《聖經》、《古蘭經》、《第一批國家珍貴古籍名錄圖錄》、《莎士比亞全集》，共七種。我沒有善本書。選這些作基本的祭書目錄，是一個態度。我要告訴自己和家人，文明的根基，就是這些了。另外加進來的，是《奴隸制時代》，這本書，是父親給我買下的，也是我最早的藏書了。

再選人。誼兼師友，可親可敬，有好書的，入我香案。王稼句、譚宗遠、董寧文、阿瀅、自牧、袁濱、徐雁、龔明德、陳克希、李傳新，共十人。

還加上《弱水書話》和《弱水讀書記》。在我出版的六本書中，這兩冊是特別的，是我親近書林的記錄。

黃姓人家，有非常好的讀書傳統。宋代有黃庭堅，他的詩裏說：「藏書萬卷可教子，遺金滿贏常作災」。

三百年前，黃家出現了有著「中國思想啟蒙之父」美譽的黃宗羲，讀著他的《山居雜詠》詩，心裏的感念，也都說不盡。那詩裏說：

鋒鏑牢囚取次過，依然不廢我弦歌。
死猶未肯輸心去，貧亦豈能奈我何。
廿兩棉花裝破被，三根松木煮空鍋。
一冬也是堂堂地，豈信人間勝著多。

那時候的黃姓人家，還出了難得的讀書種子。生活在金陵，「學問淵博，文章雅健」，留下了傳世名著《千頃堂書目》的黃虞稷，他和好友丁雄飛為交換閱讀各自藏書結成「古歡社」，訂下互借圖書的協議《古歡社約》，約定「每月十三日丁至黃，二十六日黃至丁。」盡出家藏秘本，互通有無，以「盡一日之陰，探千古之秘」。他們相約，日子定下來就不再變更，有重要的事則提前通知，不得邀請其他友人前往，防止出現不必要的應酬。到後可準備六種果品零食，茶不計算在內。午飯是一葷一素，不飲酒，超過這個標準將不許見罕見版本以示懲戒，借書不許超過半個月，還書不得託人轉交。大約從順治十一年（一六五四）某月開始的「古歡社」佳話，令後人嚮往。寫了九十餘種書的丁雄飛，著作多已堙沒，我們能讀到的是他的竹枝詞《烏龍潭》：「三更燈火寂如許，猶有書聲出薜蘿」。黃虞稷後來入《明史》館，完成了《明史》中的《藝文誌稿》。

稍後些的黃丕烈，更是藏書史上獨步古今的人物。祭書活動的始作俑者，就是黃丕烈。我們的先人祭祀繁多，但把書作為祭祀對象，舉行專門典禮，是始自黃丕烈的。黃丕烈每得奇書，就要繪畫徵詩，極風雅之盛。可以舉證的有，為宋刻《孟浩然詩集》而作的《襄陽月夜圖》，為宋本《北山小集》而作的《蝸廬松竹圖》，為宋刻《三謝詩》而作的《三徑就荒圖》，為宋刻《咸宜女郎詩》而作的《玄機詩思圖》，等等。他曾將這些畫輯成冊子，竟達十餘冊之多。他的所謂祭書，是每年把所得的佳刻秘冊供奉於書齋中，進行他獨有的「祭書」典禮。嘉慶六年（一八〇一）除夕，黃丕烈在讀未見書齋中，「布列家藏宋本經史子集，以花果名酒酬之」（沈士元《祭書圖說》），此首次祭書也。嘉慶十一年，黃丕烈與陳鱣爭購宋刻《周易集解》，如願以償後，「以香楠制櫝而藏。是冬除夕祭書，此書其首列」。沈士元《祭書圖說》云：「黃君紹甫，家多藏書，自嘉慶辛酉至辛未，歲常祭書於讀未見書齋，後頗止。丙子除夕，又祭於士禮居，前後皆為之圖。」「夫祭之為典，巨且博矣！世傳賈島於歲終舉一年所得之詩祭之，未聞有祭書者。祭者，自紹甫始。」丕烈公祭書的時候，一般要邀請好朋友出席，學界名流陳鱣、顧千里、吳翌鳳、石韞玉、瞿中溶都參加過。收入《顧千里集》的《士禮居祭書分得「書」字》詩云：

歸家倏忽歲將除，折簡頻邀共祭書。
君作主人真不忝，我稱同志幸非虛。
儀文底用矜能創，故事還應永率初。
更願齊刊刊舍奠，每陪酹酒與羞蔬。

一代盛事，可以想見。

葉昌熾《藏書紀事詩》也記述此事，並有詩曰：

得書圖共祭書詩，但見咸宜絕妙詞。
翁不死時書不死，似魔似佞又如癡。

錢大昕的女婿瞿中溶有《題黃蕘夫祭書第二圖》詩，也抄出來：

《祭書圖》作後先論，妙繪同逢道子孫。嘆我風塵淪落久，奇書空向篋中存（前圖吳竹虛作，此圖吳枚庵作）。浪仙佳話古來無，周墨黃書接步趨（周祇園有《祭墨圖》）。我有癡情同是癖，也思布畫祭錢圖（余嗜古泉，嘉慶丙寅十二月，曾仿賈浪仙故事祭錢，因未得名手，其圖尚缺）。煙雲聚散本無常，祇合流傳在四方。但得主人真好古，校讎刊布似黃郎（時蕘甫藏書已多轉歸他姓，故云）。

一九〇一年二月十八日（夏曆庚子除夕），魯迅先生祭書，他的「祭書神文」語言精煉，文字優美，堪稱典範，全文如下：

上章困敦之歲，賈子祭詩之夕，會稽戛劍生等謹以寒泉冷華，祀書神長恩，而綴之以俚詞曰：今之夕兮除夕，香焰絪緼兮燭焰赤。錢神醉兮錢奴忙，君獨何為兮守殘籍？華筵開兮臘酒香，更點點兮夜長。人喧呼兮入醉鄉，誰薦君兮一觴。絕交阿堵兮尚剩殘書，把酒大呼兮君臨我居。緗旗兮芸輿，挈脈望兮駕蠹魚。寒泉兮菊菹，狂誦《離騷》兮為君娛，君之來兮毋徐徐。君友漆妃兮管城侯，向筆海而嘯傲兮，倚文冢以淹留。不妨導脈望而登仙兮，引蠹魚之來遊。俗丁傖父兮為君仇，勿使履閾兮增君羞。若弗聽兮止以吳鉤，示之《丘》、《索》兮棘其喉。令管城脫穎以出兮，使彼惙惙以心憂。寧召書癖兮來詩囚，君為我守兮樂未休。他年芹茂而樨香兮，購異籍以相酬。

因係文言，故稍疏之。上章困敦之歲，即庚子年典，出《爾雅・釋天》：「（太歲）在庚曰上章」，「（太歲）在子曰困敦。」賈子，是唐代詩人賈島。元代辛文房《唐才子傳》卷五：「（賈島）每至除夕，必取一歲所作置几上，焚香再拜，酹酒祝曰：『此吾終年苦心也。』」

書神是長恩，明代無名氏《致虛閣雜俎》裏說：「司書鬼曰長恩，除夕呼其名而祭之，鼠不敢嚙，蠹魚不蛀。」阿堵原是晉代俗語，即「這個」。《晉書・王衍傳》：「衍口未嘗言錢，婦令婢以錢繞床下，衍晨起，不得出，呼婢曰：『舉卻阿堵物。』」後人遂沿用為錢的別稱。脈望是傳說中的仙蟲。唐代段成式《酉陽雜俎》：「蠹魚三食神仙字，則化為此。」蠹魚，蛀書蟲。漆妃，是墨的別稱。管城侯，是筆的別稱。筆海，是硯的別稱。文冢，是唐代文學家劉蛻的埋稿處，這裏指書叢。吳鉤，是春秋時吳地出產的彎形的刀，後泛指鋒利的刀劍。李賀《南園》詩：「男兒何不帶吳鉤，收取關山五十州。」《丘》、《索》即《九丘》、《八索》。漢代孔安國《〈尚書〉序》：「八卦之說，謂之《八索》，求其義也。九州之志，謂之《九丘》。丘，聚也，言九州所有，土地所生，風氣所宜，皆聚此書也。《春秋左氏傳》曰，楚左史倚相能讀《三墳》、《五典》、《八索》、《九丘》；即為上世帝王遺書也。」詩囚，是指苦吟不已，詩思窘迫的詩人，元代元好問《放言》詩有「郊島兩詩囚」句，郊、島，指唐代詩人孟郊、賈島。芹茂而樨香，典出《詩經・魯頌・泮水》：「思樂泮水，薄採其芹」。泮水為學宮中的水池，後人常用入泮、採芹比喻童生進學。樨即桂花。桂花飄香正是秋闈開科之時，後人常用折桂比喻秋闈中式。

魯迅之外，藏園老人傳增湘也有「殘臘祭書之會」。此外，日本自一九四五年起，每年十一月三日開始，也進行為期一周的的「書祭」活動，各家書店都展賣舊書，以使文化得到尊崇。

克希兄是古書標價師，我們說笑的時候，他在電話裏說，你們家黃丕烈題跋過的書，都是國家一級文物。黃家人愛書，天經地義呢。我接過話茬哈哈，近學先生，我也祭書吧。

遠紹先輩遺風，近讀案頭清供。有師友引領，亦能仿效祭書，實在是幸運之至。回想一下這過去一年中新擁有的圖書中最值得回味的那些，在了解書的歷程上最有收獲的經歷，不免心潮起伏。

孔子說：「祭神，如神在」。這是祭祀祖宗和祈禱時心儀的原則，我們應該說的是：「祭書，書就在」。紺弩老人詩云：彩雲易散琉璃脆，只有文章最久堅。流傳著的書，該是我們心裏的夢。祭書，就是向書致敬，表達我的心裏一個美好的祈願：讓書永遠伴著我們，護佑我們的子子孫孫。心中有書，能讀書懂書，就是真正的祭書。在這個社會，這個當下，能靜下心讀書，也是一種樂事與福氣。讀書人於歲末借祭書之機，清理一年所得，珍重來之不易的好書，行人人可得而為之的祭書儀式，便是自己獻給人生的一份厚禮了。網絡上的雲中君有《乙酉歲末祭書之會》一貼，說的是艾思仁先生安排的祭書之會，那是風雅不過的事情。這一段話的意思，一半來自那裏。

我已經準備好了今年的祭書，在讀書中迎候著歲末的到來。詩曰：

其一

貝頁風和彩箋紅，

龍門一品弱水東。
香案祭書傳家事，
風氣新開瑯嬛親。

其二

神州處處有神明，
財神總比書神親。
風雨有情人不識，
我為書緣祭長恩。

二〇〇九年十二月二十五日滿目夕照明中寫畢，
二十六日雪中修改後紅日麗天，歡喜也，二十八日改定。

佳意皆琳瑯

《天涯社區閑閑書話十年文萃》新書發布會二〇一〇年八月二十八日（星期六）下午2:00—4:00在北京國家圖書館主樓五樓文會堂如期舉行，書友崇拜摩羅有現場直播貼，摘錄一二。

十年磨劍，書話再逢盛會。
一朝結集，天涯又候高朋。

八月二十八日下午一點，在國家圖書館大門東側，矗立著一個亭亭玉立的美女，她就是迎接與會同胞的，出版社的工作人員張玲玲美女。

進入圖書館五樓的文言堂門口，是一排工作人員安排好的簽到處。

進入文言堂後，發現網友區已經被不明人士占領，同時我發現嘉賓席還虛偽以待。

在作者區，筆者一眼就發現了天涯著名美女枯荷雨聲同學。

為了表示自己的誠摯的問候，我僅僅代表自己向她發出了熱誠的擁抱邀請，被對方言辭拒絕。

文言堂會場正中，掛著由出版社的背景布，高六米，長六米，上書六個大寫的紅字：讀書　網絡　出版。下面是書的封面圖，總共四本，典雅、大方，上圖後請大家繼續補充修飾。

本次發布會由文匯出版社主辦，主流媒體中央電視臺、北京電視臺、新聞出版報，以及行業領軍報紙中華讀書報、中國圖書商報，以及網絡門戶單位，都紛紛予以熱情的支持。

《天涯社區閑閑書話十年文萃》四巨冊出版，拙文《弱水軒記》和個人簡介收入其中。八月二日，梁兄在書話貼出《天涯社區閑閑書話十年文萃》出版帖。之前的八月十八日，主編梁由之兄曾打來電話，告知此一盛會，並作邀請。由於路遠，國圖發布會自然不能躬逢其盛，但是孩子在北京上學，可以就近前往，解我渴念。後來網友高臥東山說：「參加這個發布會的感覺很像大一新同學第一次在一起上大課。」這正合了我讓兒子代我出席的初衷。

直播貼上說那天的主持人是讀庫老六，和美女董小染。2:46，崇拜摩羅說：

沈昌文老先生坐在嘉賓席上，輕輕的翻閱這套「錯版書」。現在，由網友抽獎，37號座網友成為幸運者，得到了一套「錯版書」。

梁由之主編，現在上臺發表自己的感慨，語言簡練，鏗鏘有力，讓老六讚嘆不已。

當晚，參會的張秉文先生在自己的博客「斗垣工作室」上發布了自己的現場記錄：

該書策劃張萬文先生所說，網絡的興起有代替紙質的趨勢，有從紙質到網絡的，我們為什麼不能從網絡走向紙質呢。主編梁由之發言言簡意賅，《文萃》的價值有待時間和市場檢驗。他說熱愛天涯社區，相信文匯出版社，相信網絡可以創造一切奇蹟。《文萃》序言作者沈昌文（原三聯出版社社長）說話如同他的文字，像三秋之樹，繁華刪盡。他開口自報家門：耳聾眼花，記憶力差，今年七十九歲，晚上八點睡，早上三點起，上網兩三個小時，「潛水」閑閑書話。這般年紀還關註網絡，關註網絡讀書版塊，真是一位可愛可敬的老人。天涯社區董事長邢發言中透露出自己的一種感受和看法，現在社會正在醞釀一種力量，回歸讀書。天涯與讀書有淵源，除了幾千種書，現在是重新找回這種緣。文匯出版社社長桂國強最後發言：「我今天很感慨，想起了老詩人臧克家的詩，我是一個兩面派，新詩舊詩我都愛……傳統出版物對網絡是復雜的，但我們並不對立，可以走到一起，網絡作者可以成為傳統作者，傳統作者也可以成為網絡作者。」言下之意，文匯在做網絡與傳統出版合作共贏的探索。嘉賓發完言之後是作者自我介紹，話筒在會場傳遞，笑聲和掌聲不斷。

策劃人別出心裁，製作了一面有《文萃》書名和活動主題口號的紅旗，與會的作者紛紛在上面簽名留念。

書話首席版主一平大姐也在帖子裏也說了我不能前往，派兒子去的事。

兒子告訴我，他的座號是007。他抽到了一份獎品。第二天的18：18，董小染在她的博客「染染書坊」上說：「弱水先生家的小子是個小帥哥，在新書發布會現場很幸運，又抽到一份書。」之後的19：18，小染又來到我的博客留言：「先生家的小公子很清秀，是不是長得挺像弱水先生的？」我自然感謝小染，並回應說，兒子電話告訴了我會議盛況，再謝關照和誇獎。呵呵，孩子總是自家的好，我也不能免俗。

那天，我在直播貼上留了言：2010-08-29　10：25：45

一、盛事盛會。祝賀成功！
二、感謝大姐和朋友們對我家小子的關照。
三、書將到來，大為歡喜。
四、江湖夜雨十年燈，桃李春風一杯酒
祝書話一路春風，一路歡歌，永葆青春。

據網友斫輪翁說：

前排就坐的，年齡都不小；
到場捧場的，年齡都不大；
不大不小的，上下兩頭忙。

感念薩蘇二〇一〇，他開了「《閑閑書話》發布會奇案〈有圖有真相〉」的玩笑帖子（網友蘇抱琴說這噱頭沒意思，發圖片做說明就好了，何必這樣虛張聲勢的呢），但他貼出了真實的圖集，我家孩子的單人照赫然在目（老薩的解說是「網友們精神抖擻，拭目以待」）。

要說，這回，兒子去經歷這個場面，比我自己去要好。我在博客裏不無得意地說：「派我家小子前往，抽獎有份，得梁由之、註註、一平、紫純、深圳一石、沈昌文、桂國強、相似的你我、董曉染、黃花一把、淘淘氣等簽名。」

按薩蘇在新浪網上有博客名叫「薩蘇說故事」。他先是以「攜帶炸彈的網友《閑閑書話》發布會內幕」為題弄了圖片和文字發在彼處，並有說明曰：「八月二十八日，文匯出版社在國家圖書館舉辦了張萬文主編《天涯閑閑書話十年文萃》出版發布會，天涯書友紛紛出場。為了拍照方便，老薩最近換了一臺Canon 7D單反相機，雖然用起來還如同小沈陽騎烈馬，但已經可以嚇唬人了。於是攜相機去冒充了一回媒體。事後，有梁由之者看出端倪，勒令交出照片，拿去發表，老薩落了個竹籃打水一場空。然，發布會上有些照片串起來恰似一段公案，於是串聯起來，給朋友們解頤。」

兒子知道我著急看書，把書打包，給我寄來了。

我的幾冊書，都是在我進入書話後出版的，現在書話佳作結集出版，我打心眼裏高興。

今天是三十一日，註註兄有消息給我：「弱水兄，這次發布會雖然兄未出席，但收獲頗豐啊。」

我說：「由於路遠，不能前往，只好讓孩子去了。小兒不懂事，去開開眼啊。」

註註又說：「哪裏，貴公子運氣極佳，當場中獎一套書。」

二〇一〇年九月一日，書話首席版主yiping1914發來天涯消息：「弱水，薄酬一百元在我這裏，如何轉給你？或者你兒子有無工行，建行賬號，我會給他？」

我隨即作覆。「大姐好！非常感謝您和書話諸友人對孩子的關照。小兒懵懂，沒有做好處敬請海涵。他的賬號我也沒有記住。我給您他的手機號，您可以短信聯系一下。如不方便，則再告訴我，或者您隨便處理也好。區區小文，百元已經不少。何況還有那麼好的書。即頌安康。弱水上。」

二〇一〇年九月七日，兒子寄來的書收到。《天涯社區閑閑書話十年文萃》煌煌四巨冊書，漂亮得很。翻開書，便是往事知多少兒扉頁上的朱文篆刻「閑閑書話」，醒目中多著幾許嫵媚。每冊書裏都有精美的書簽，兒子抽簽拿到的兩張藏書票美輪美奐，洵是世間尤物。兒子並電話告知，一萍版主已把稿費一百元打在了他的卡上。我致謝意後，一萍大姐做客我的博客，並留言：「收到稿酬就放心了，弱水的兒子確是一位翩翩佳公子，呵呵，看起來比照片中的乃父要秀氣的多。」

插曲：二〇一〇年九月八日，一位愛書的友人收去了藏書票中的一張，咋問也不認賬，聲稱：「劉胡蘭鍘刀放在脖子上也不認賬，我還比不了劉胡蘭？」

一聲嘆息之餘我說：世間癡心人有如此者，夫復何言，夫復何言。

尾聲：喜愛歸喜愛，後來友人還是將藏書票完璧奉還，人性之美，於斯為新。

二〇一〇年八月三十一日晚間初稿，
九月八日晚修訂，十月七日復校。

附錄一

悅讀中人在天堂：黃岳年印象

張恒善

讀黃岳年的《弱水讀書記》和《書蠹生活》兩本書，對於林語堂讀書使人得到一種優雅和風味，善讀書者，如入芝蘭之室，久而不聞其香，而香卻在骨裏的話理解更為深刻。我覺得岳年兄就是那個書香到了骨子裏的人。說心裏話，對岳年兄這些年的書香生活我很是羨慕，為岳年兄與書結緣倍感欣慰。淡中有真滋味，肥甘者無福消受；靜中有妙乾坤，躁動者無緣社會。我想岳年兄應該是屬於淡者，靜者。所以我覺得他啊，有很好的文脈、書脈和人脈。

羨慕岳年兄的文筆。他的文字很幹淨，沒有過多的修飾成分，略帶幾分文言的意味，口語化算是一個特色，簡約、質樸，讀起來隨意、平靜，也舒服。那種充滿善意、平等交流的祥和語態，那種語言，是他自己的，我喜歡，又學不來。也曾經討教過，岳年兄笑著說：多讀，多寫而已。

岳年兄有一個好淘書、讀書的嗜好。一張古貼，在學者手裏是智慧，在皇帝手裏是國寶，在高僧手裏是對物，在商賈手裏是金錢，在乞丐手裏是廢紙。岳年兄手裏的書呢？「願意讀書的人，就是有福的人。」細細揣摩他這句話，便知道岳年讀對於書籍的珍視和看重。岳年認為悅讀中的人，就是身在天堂的人。新書《書蠹生活》的封面上，有一段評價他的話，說得很有意思：一個純粹的讀書人，對於書，就像對待愛情一樣，忠貞不渝，一往情深。從他的書和文章中不難感覺到，他的書不少。我也沒有看過他的書房，但我猜想，那裏的書肯定塞滿了書架，布滿了房間，數量一定不在五位數以下的。關於所讀之書，岳年兄也大概和我說過一些，他偏重於文學和經史典籍，同時也喜歡哲學和自然學科的書藉。岳年兄愛書，讀書，也藏書。他還比較重視版本和書藉的裝楨。對於喜歡和鐘愛作家的書藉，他往往收藏不同的版本，用來比較閱讀。書是思想的結晶，他讀書，是為了用，是為了更多的沐浴思想的光輝，從而升華人生。

岳年兄有一群好朋友。用周敦頤的話說，就是「談笑有鴻儒」。這些年，岳年兄以書為緣，與天下愛書人為友，這些朋友多的也是淘書、讀書、著書、藏書的名家。長沙的鐘書河，蘇州的王稼句，南京的徐雁、董寧文，成都的龔明德，上海的陳克希，北京的譚宗元，海南的伍立楊，濟南的自牧，呼和浩特的張阿泉，臺北的蔡登山等等。朋友雖在四方，在天涯，對岳年而言，卻又都在身邊心裏。在他的文章中，能頻頻讀到他和朋友電話、短信往來的文字記述。草草幾句，不分早晚，不分忙閑，或問候，或交流，或鼓勵，或感謝，情之真，誼之深，雙方都是心有靈犀，仿佛就在咫尺。

真羡慕岳年兄的人品。質樸，家常，知足，淡然，真是水清明月見，人淡智慧生。岳年兄一直在學校工作，不僅教書，也在做教育行政管理。在今天的張掖教育界，算是老人手了。他覺得做好當下的份內工作，教好學生，再抽空余時間看看書，寫寫文章，教書，讀書，寫書，就已經很好，他掛在嘴上的話，便是夠了，夠了，或者很好了，很好了。於他最有意思的事，就是教書和讀書。有書，能讀就是福，悅讀中人在天堂。看來，岳年兄是應了那句話：怡然自得，樂其所樂。

岳年兄的心願是培育好學生，在教書之余，多讀點書，多寫點文章，有可能了就整理出版。這應該是可以辦到的。桃李已滿天下，書香應入書林。他的新書《書林疏葉》已經在在內蒙古教育出版社出版，《風雅舊曾諳》則在臺北出版。海峽兩岸同時印行的著作，是岳年兄教學相長的產物，也是他對人類文明的一份貢獻。

我期待著，也祝願岳年兄的書香生活，在悅讀中更加純美。

關於黃岳年的評論輯錄(二〇一〇)

致意岳年文友:昨晚方從教研室取回題贈新著《弱水讀書記》。江淮今日,霧鎖南北。午後從容,瀏覽尊序。君所謂「適心快意讀書法」,吾心曰同也。教書而讀書,最是吾輩天職,可惜同道乏人,古調難鳴矣。學海無邊,自一瓢而二三瓢,可知先生愈飲愈歡當至欣然之境而鼓之舞之矣。書此為祝,兼謝贈書。

中國閱讀學會會長、南京大學教授徐雁

《弱水讀書記》引起迴響,自在意料之中,因其內容紮實,深具份量也。

書稿收到,雖有幾篇早已拜讀,但還會再看一遍,一方面校讀電腦轉換的錯字,更多的是戀戀於文字之間,雖聞不到紙墨香,但總感到一份溫婉豐厚的文氣襲人,讀之再三。

著名作家蔡登山

拜讀岳年先生大文，如醍醐灌頂。海南有幸，得先生妙筆寫之，山海當視為知己。岳年先生文字鞭辟入裏，體察深鬱，啟發多多，當細味之。黃公者，儒林聖人也！

著名作家伍立楊

岳年兄讀書別有情趣，思緒如曲徑通幽，評說似大漠孤煙。佳作連篇，敬佩之至。《書蠹生活》數美聚於一書，愛不釋手。

著名出版家俞曉群

粗翻《書蠹生活》，感到相當不錯，祝賀岳年的成績。

著名作家欽鴻

《弱水書話》已拜讀，第一一八～一一九頁關於洪丕謨先生一段，說明岳年是厚道人，我對岳年充滿敬意！

浙江作家童銀舫

閑覽友人弱水月年博文，有《暑假生活錄述》，其文簡雅可誦，曰：「暑天已過，秋涼來儀。檢點心篋，作整裝想，有如許事可記。」吾深愛之，故亦依其旨，仿其例，條述暑期生活如次……

甘肅作家吳浩軍

讀黃先生的字，第一時間讓我想楊小洲，文字乾淨，且溫婉，用詞遣句，無一不適。想來，這才方是真實的讀書人的書寫方式，規正條理，無一出格。便生了歉意，覺得自己對待文字，到底是輕率了些。

日前先生讀罷《檻外梨花》，洋洋灑灑寫下《梨花一枝春風來》一大篇，使我惶恐。復才掀開先生的書話。極喜《弱水軒記》，把個喜笑顏開的書生意氣刻劃的維妙維肖，想來，先生也是性情中人，方有如此妙悟。可惜這樣的妙語妙會不在篇篇精彩中，是一憾。我本不是個好讀書的人，倒像挑食又讒嘴的頑童，專揀自己喜好的書去讀，而全無格局戰略，更無滿腹詩書的境界。像這樣書中書的文字，我是斷然寫不暢快的。復又羨慕先生勤懇苦讀，貫通了古往今來的思想文脈，寫下厚厚一本書話，讓我這樣懶散的人，走了捷徑。

先生讀書成癖，車船停頓，旅社歇息，醒時眠時，坐處臥處，但只有時間便與書中人逢晤，樂以忘憂，竟將現世前生交涉彙集成一篇篇文字。《文心雕龍》有言：「文之思也，其神遠矣。故寂然凝慮，思接千載；悄然動容，視通萬里；吟詠之間，吐納珠玉之聲；眉睫之前，捲舒風雲之色；其思理之致乎。故思理為妙，神與物遊……」先生謙虛，說予不敏，這境界或許窮盡今生都難得，但我卻知道，他所言所行所感所悟，無不是思接千載，視通萬里，盡顯文章之富態。

於今慚愧，半年時間，我竟未通讀完先生的書，只意興時隨翻一篇以饗片刻，與古來今往的大人物在書中得見，生了歡愉心，這日子，便過得順風順水。

卻時感歉意，老覺得欠了先生一份情，今日便塗抹區區幾百字，寫下自己的一時之感。閉門為深山，開卷即淨土。煙塵四合，我也沾了先生一份清意，以為一樂也。

山西作家指尖：黃岳年之《弱水書話》

讀書教書寫書，弱水兄真博雅君子也。

成都作家林趕秋

甘肅黃岳年兄寄贈剛由臺灣秀威書局印製的第二本著作《書蠹生活：悅讀中人在天堂》簽名本。書名好，文字好，印製精，樂藏讀。是夜快讀本書中的書事日記、書札部分，有五處題記我們之間的交往。草原盛會，岳年兄尋龔明德、張阿泉題簽《清泉》合訂本，且選編號一一八，厚意銘記於心。岳年兄博覽原典，古文功底厚，才思卓然，行文典雅，謂西北書話名家。

草此，時已午夜，微風涼意，急雨陣陣，風雨敲書窗，樂讀眠意遲。

河南作家劉學文

《書蠹生活》連夜閱讀，甚悅甚喜！卷中文字拙樸，記人說事筆墨酣暢，足見兄長書脈文脈和人脈的魅力。

夜讀草原約會，彷彿親眼目睹了你淘書的情景，羨慕羨慕，你提到的那些人那些書，兄弟我孤陋寡聞，大多沒有相識。今後還得向兄長學習，在閱讀中充實自己，

甘州電視臺張恒善

秋日得《書蠹生活》，香氣漫溢，養眼。

江蘇作家姜曉銘

文字乃華夏文明之載體。岳年兄文章極具內功。

版本研究專家、上海圖書公司總收購處主任陳克希

岳年好文章。隨您的筆觸飛越數千年。

山東作家谷雨

擁華問候岳年兄，來光顧您的博客，歡迎嗎?在今年最新一期《博覽群書》雜誌上看到您的大作，可惜標題忘記了。現在您已是著名作家了，文章發表多多，書也出了好幾本。我真的好羨慕啊，望塵莫及呢！

江蘇作家彭擁華

《弱水書話》一直在讀。孫犁，孫犁的書，關於孫犁的書話，岳年最熟最懂，岳年的書話語言精煉，主題深刻，是我最喜歡看的文字。

以范仲淹為榜樣，做學問，勤為政，善待生活，有所為有所不為，是人生之體會，岳年的人物點評合我意啊！讀書多、購書多、評書多、寫書多、認識作家名人多。岳年成為甘州乃至張掖市教育上的五多教師和校長，真是難得的人才。

甘肅教師　賀登坤

好久沒看到岳年這麼好的文字了。

孔夫子網人文書店店主、武漢袁柏春

文脈勃發，氣韻生動，妙語連珠，收藏美文！

山東作家袁濱品黃嶽年《書香盈盈伊人來》

感謝弱水先生，讓我對自己增加了信心，讓我還有勇氣再寫下去，同時，也慶幸自己收獲了一位良師益友。有幸看了弱水的博客，真是羨慕得很。弱水看書涉足之深之廣實在讓我感到慚愧，我要學的還很多。

書友金露笛

羨兄之第一本書就是《魯迅的故事》，是郭沫若的《奴隸制時代》。常恨多讀書人迂腐，習文八股而少風雅，兄真韻人也。恨不能身生兩翅，得見兄一面。恨不能在兄之教堂聽兄之言滌我身心啊！恨不能與兄大醉一場啊！

網友偽幣製造者在讀黃岳年《弱水軒記》後留言

岳年兄的文章總是書香彌漫。

編輯、書評人杜雅萍

《弱水書話》，有文章五十七篇。自牧題寫書名。黃岳年有自序和後記。王稼句在序中寫到：「這本書裏還有不少記人物的，記訪書的，有一篇談到秀州書局和范笑我，笑我也是我的朋友，時有往來。他的書局關門，在我看來是大吉，他可以靜心讀書，做自己的事，只是讀書界少了一個『交流中心』，讀者少了一個自己的書店，岳年在文章裏也說出論文我的心情。」書話有一篇寫到《沈虹屏和張秋月》。沈虹屏，即沈彩，字虹屏，號掃花女史。平湖貢生陸烜的側室。原籍吳興，自幼入海鹽女詞人彭玉嵌家為婢，並隨彭氏嫁於陸烜為妾。工詩善畫，著有《春雨樓集》。《販書存信史，古道照顏色》寫到二〇〇六年「多晴樓」博客的關閉。《說到莎士比亞，想到朱生豪》，寫於重讀朱譯《李爾王》之後。

著名作家范笑我

今天早晨並沒有語文課，但早晨是他的自習，他總是來得那麼早，手裏時不時的拿著書，他一邊讀一邊讓我們背《過秦論》，我們一見到文言文就頭疼，更別說背了，可有啥辦法啊，我們只好背，還不能說不背，要是說了，你就準備寫五百字吧，讓你說說不背的理由。雖黃校長對我們很嚴厲，但我們都知道，他這是為我們好。我們和他的關係也是最好的，在他的面前，我們可以隨時說出自己心裏的想法，和他交流。我覺得這樣很好。我們把在家長面前都不敢說的話跟他傾訴，他會很耐心地幫著分析和講解，沒有一點校長的架子，很可親。所以我們給他起了個外號，叫黃師傅。（阿瀅說：為黃兄在學生眼裏有這樣高的威信感到高興。黃師傅，一個親切的稱呼。二〇〇七・三・十七）

署名「您的學生」在黃岳年文章後的留言
錄自《泰山週刊》總編編阿瀅博客

月年兄難道不想在有生之年也出部百萬字的讀書筆記，如果出了一定通知小弟，無論多少錢我也要。月年兄，到時你我就著兄的大作開懷暢飲，一定勝過蘇舜欽就漢書下酒。

遼寧書友孫盛陽秋品讀黃岳年《耿文光和他的〈萬卷精華樓藏書記〉》後留言

後記

友人索字，塗鴉不知所云。信手而寫，就有了這樣幾顆：「文到白描臻化境。」還真是不易。要做到白描不加修飾，而人和事寫出來之後又栩栩如生。

讀書人喜歡書。好的書不外是人寫的，又都是人和人做的事。也就是說，人，才是書的主人翁和魂魄。這些，都往往一言難盡。讀書種子代代不絕，他們在世俗眼裏的缺陷也不可救藥，怎麼辦呢？沒辦法的時候有一個法寶，就是大家說的一碼歸一碼，即人歸人，文歸文。還不行了，就另尋洞天，說山中才七日，世上已千年，千年都過去了，是非已不重要。能從千萬代人的肩膀上望見文明的造就，就可能是一份造化，也可能是一份貢獻。

歲月流過，江山無恙。翻檢人間存留的簡冊，享受瑯嬛縹緗的厚賜時，心裏不免冒出一句：撿書几案窄，昂首天地寬。

相對與辯證，在理上是得到公認的，但在生活中往往被錯會。具體地使用，特別是在人的身上，更不能教條，不管是古還是今，存或者歿。

朱自清在《荷塘月色》裏說，我且享受這無邊的月色好了。讀書人往往意氣十足，指點江山，激揚文字，不諳世事也多半是真的。方孝孺、譚嗣同、王國維、葉德輝、陳寅恪、陳登原都能說明一些問題（徐世昌是個例外），但是實實在在，民族文化的大廈，確由這樣的人撐起。

書稿殺青之際，收到誼在師友之間的姑蘇王稼句先生來信：

岳年兄：

昨日下午四時由天津回蘇，既得大札，又得尊著，真頗為開心。《書蠹生活》翻了幾頁，你工作雖忙，卻不廢讀書，又有自己的讀書趣味，與別人不一樣，這就是有意思的地方，故「河西第一讀書種子」之說並非虛言。秀威關心內地讀書界狀況，且印書不少，也在島內擴大了影響，這一「引進」，也是高著。

此次天津之行，有兩個活動，一是中國私家藏書文化論壇，一是來新夏教授米壽慶祝會。邀請人中，除姜德明、韋力兩位缺席，其他都去了，因為都是熟人，也就有故友相逢之樂，還見到了津門的幾位，知其名而並不相識者，也是一樂。

吳君處一冊，當代為轉致。

餘言後敘，順頌

安好。

稼句謹覆八月三十日

於是歡喜有加，讚嘆莫名。弱水軒此時，真節日也。

感謝蔡登山先生，提醒我在寫作的時候注意這些人和事。這樣，在讀書中夢囈的時候，就有了如許文字，現在結集，作野芹之獻，期望故人一哂。

南京大學教授、中國閱讀學研究會會長徐雁先生在卅八初度之華誕子夜撫鍵，撰就前言，書香盈盈，深意難能，嘉言如斯，書林添輝。何當弱水之濱，得先生玉樹臨風，更於慶幸中浮一大白也。

朱虹霞君為拙編作序，使之增色，是要深致謝忱的。

黄岳年

二〇一〇年九月二日晚間定稿

語言文學類　PG0523

風雅舊曾諳：黃岳年隨筆

作　　者 / 黃岳年
主　　編 / 蔡登山
責任編輯 / 蔡曉雯
圖文排版 / 陳湘陵
封面設計 / 蕭玉蘋

發 行 人 / 宋政坤
法律顧問 / 毛國樑　律師
印製出版 / 秀威資訊科技股份有限公司
114台北市內湖區瑞光路76巷65號1樓
電話：+886-2-2796-3638　傳真：+886-2-2796-1377
http://www.showwe.com.tw
劃撥帳號 / 19563868　戶名：秀威資訊科技股份有限公司
讀者服務信箱：service@showwe.com.tw
展售門市 / 國家書店（松江門市）
104台北市中山區松江路209號1樓
電話：+886-2-2518-0207　傳真：+886-2-2518-0778
網路訂購 / 秀威網路書店：http://www.bodbooks.com.tw
國家網路書店：http://www.govbooks.com.tw
圖書經銷 / 紅螞蟻圖書有限公司
114台北市內湖區舊宗路二段121巷28、32號4樓
電話：+886-2-2795-3656　傳真：+886-2-2795-4100

2011年4月BOD一版
定價：280元

國家圖書館出版品預行編目

風雅舊曾諳：黃岳年隨筆 / 黃岳年著.
-- 一版. -- 臺北市 : 秀威資訊科技, 2011.04
面； 公分. -- (語言文學類 ; PG0523)
BOD版
ISBN 978-986-221-715-3(平裝)

1. 讀書 2. 文集

019.07 100002357

讀者回函卡

感謝您購買本書，為提升服務品質，請填妥以下資料，將讀者回函卡直接寄回或傳真本公司，收到您的寶貴意見後，我們會收藏記錄及檢討，謝謝！
如您需要了解本公司最新出版書目、購書優惠或企劃活動，歡迎您上網查詢或下載相關資料：http:// www.showwe.com.tw

您購買的書名：______________________________

出生日期：________年________月________日

學歷：□高中（含）以下　□大專　□研究所（含）以上

職業：□製造業　□金融業　□資訊業　□軍警　□傳播業　□自由業
□服務業　□公務員　□教職　□學生　□家管　□其它_____

購書地點：□網路書店　□實體書店　□書展　□郵購　□贈閱　□其他

您從何得知本書的消息？

□網路書店　□實體書店　□網路搜尋　□電子報　□書訊　□雜誌
□傳播媒體　□親友推薦　□網站推薦　□部落格　□其他__________

您對本書的評價：（請填代號　1.非常滿意　2.滿意　3.尚可　4.再改進）

封面設計____　版面編排____　內容____　文／譯筆____　價格____

讀完書後您覺得：

□很有收穫　□有收穫　□收穫不多　□沒收穫

對我們的建議：______________________________

____

____

____

請貼
郵票

11466
台北市內湖區瑞光路 76 巷 65 號 1 樓
秀威資訊科技股份有限公司 收
BOD 數位出版事業部

(請沿線對折寄回，謝謝！)

姓　名：______________　年齡：________　性別：□女　□男

郵遞區號：□□□□□

地　址：______________________________

聯絡電話：(日) ______________ (夜) ______________

E-mail：______________________________